Kuaiji Xinxi Zai Gongsi Zhaiquan Dingjia
Zhong De Zuoyong Jizhi Yanjiu

会计信息在公司债券定价中的作用机制研究

徐思 著

中山大學出版社
SUN YAT-SEN UNIVERSITY PRESS
· 广州 ·

版权所有　翻印必究

图书在版编目（CIP）数据

会计信息在公司债券定价中的作用机制研究/徐思著. —广州：中山大学出版社，2019.1
ISBN 978-7-306-06538-4

Ⅰ. ①会… Ⅱ. ①徐… Ⅲ. ①会计信息—作用—公司—债券—定价—研究—中国 Ⅳ. ①F832.51

中国版本图书馆 CIP 数据核字（2018）第 003853 号

出 版 人：	王天琪
策划编辑：	王　睿
责任编辑：	王　睿
封面设计：	林绵华
责任校对：	李先萍
责任技编：	何雅涛
出版发行：	中山大学出版社
电　　话：	编辑部 020-84110771，84113349，84111997，84110779
	发行部 020-84111998，84111981，84111160
地　　址：	广州市新港西路 135 号
邮　　编：	510275　传　真：020-84036565
网　　址：	http://www.zsup.com.cn　E-mail：zdcbs@mail.sysu.edu.cn
印 刷 者：	虎彩印艺股份有限公司
规　　格：	787mm×1092mm　1/16　12.25 印张　238 千字
版次印次：	2019 年 1 月第 1 版　2019 年 1 月第 1 次印刷
定　　价：	35.00 元

如发现本书因印装质量影响阅读，请与出版社发行部联系调换

本研究得到国家自然科学基金青年项目"承销商在公司债券全生命周期中的行为研究"（项目号：71802085）、教育部人文社会科学青年基金项目"国企高管晋升激励与企业坏消息隐藏：理论与实证分析研究"（项目号：18YJC630211）的资助

前　言

自1997年亚洲金融危机爆发之后，各国开始意识到单纯地依赖银行贷款这种间接融资方式，会对本国乃至关联国家或地区的金融稳定和经济发展造成极大的隐患，因而开始提高对债券这种直接融资方式的重视。其中，公司债券市场又是债券市场发展的重要一环。我国政府目前已将大力发展公司债券市场定为一项长期战略目标。

我国于2015年出台的《公司债券发行与交易管理办法》推出了一系列改革创新举措，极大地鼓舞了投资者对公司债券市场的热情。2016年，我国公司债券发行规模已经超过当期企业债券和中期票据规模的总和，成为公司进行中长期债券融资的主要场所。

作为投资者能够直接获得的重要信息，会计信息的质量高低能显著影响投资者与公司之间的信息不对称。高质量的会计信息有助于投资者准确判断公司的真实价值，合理进行决策保护自身利益。本书以委托代理理论和信息不对称理论为基础，基于中国的公司债券市场，就会计信息在公司债券市场中的作用进行了深入探讨。我们选取了2007—2015年在上海证券交易所（以下简称"沪交所"）和深圳证券交易所（以下简称"深交所"）发行的公司债券作为研究样本，采用实证研究的方法，以债券初始信用评级、债券融资成本和债券上市首日抑价率作为研究视角，考察了会计信息对公司债券一级市场和二级市场定价的影响。

第1章为本书的绪论部分。首先，我们明确了本书的研究背景和意义。其次，阐述了本书的研究思路、研究方法、研究范围和研究框架。最后，对本书的主要创新点进行归纳总结。

第2章为本书的理论基础和文献综述部分。在这一章节，首先，我们对会计信息质量、公司债券与企业债券的内涵进行分析和界定。其次，以信息不对称、委托代理、信号传递等理论为基础，阐述了会计信息质量影响公司债券发行和定价的理论基础。最后，针对会计信息质量在公司债券市场中所发挥的作用，对国内外的相关文献进行归纳整理并进行评述。

第3章为中国公司债券市场发展现状部分。在这一章节，首先，我们梳理了我国公司债券市场的发展历程。其次，对公司债券市场目前的发展水平进行了较为详细的分析；同时，结合监管机构最新的制度安排，对公司债券的发行流程进行了简要介绍。最后，针对公司债券市场发展存在的问题进行了讨论。

在第4章中，我们基于应计项目操控模型，实证考察了发债公司的会计信息质量对于公司债券初始信用评级的影响。研究结果表明：①公司的会计信息质量与公司债券初始信用评级显著正相关。高质量的债券信用评级机构能够识别出盈余管理造成的财务信息扭曲，并根据盈余管理的程度对债券评级进行相应调整。因而，会计信息质量较差的公司发行的公司债券，其信用评级普遍较低。在处理了内生性问题，并进行了多项稳健性检验后，该结论仍然成立。②我们还在进一步研究中发现会计信息质量与债券信用评级之间的正相关关系在国有控股上市公司、审计师声誉较低的上市公司中更显著。本章研究不仅丰富了会计信息质量经济后果的相关文献，同时也为上市公司获得较高的债券评级提供了一定的参考。

企业的会计信息质量不仅影响债券发行时的信用评级，还会对公司债券的市场定价产生重要影响。在第5章中，我们以公司债券发行利差（发行利率减去同时期同期限的国债利率）来衡量公司债券在一级市场上的定价。我们试图研究会计信息质量是否会对公司债券的发行利差产生影响以及不同的公司特征是否在其中发挥不一样的作用。研究发现：①发债公司的会计信息质量越高，公司债券的融资成本越低。在处理了内生性问题，并进行了多项稳健性检验后，该结论仍然成立。②我们还在进一步研究中发现会计信息质量与债券融资成本之间的负相关关系在国有控股上市公司、主承销商声誉较低的上市公司以及非交叉上市的上市公司中更显著。这些发现表明：投资者与公司之间的信息不对称程度越高，会计信息质量与债券融资成本之间的负相关关系越显著。③我们还发现，会计信息质量与限制性契约条款显著负相关，即会计信息质量越好的公司，其发行的公司债券中限制性契约条款数目越少。

第6章则研究了发债公司的会计信息质量对于公司债券二级市场定价的影响。我们以公司债券上市首日抑价率来度量公司债券在二级市场上的表现，研究结果表明：①会计信息质量与公司债券上市首日抑价率显著负相关。当公司的会计信息质量较差时，聘请高声誉的主承销商或高声誉的审计师（如著名的四大会计师事务所：普华永道、德勤、毕马威、安永）能降低公司债券上市首日的抑价率。在处理了内生性问题，并进行了多项稳健性检验后，该结论仍然存在。②在探究影响机制上，我们发现会计信息质量对债券抑价率的影响路径有两条：第一条为直接路径，即公司的会计信息质量直接抑制债券发行首日的抑价水平；第二条为间接路径，即公司的会计信息质量越高，越倾向于聘请高声誉的主承销商，而高声誉的主承销商可进一步降低公司债券的抑价率。通过比较这两条路径的系数大小，我们发现会计信息质量与债券抑价率之间的负相关关系大约有90%源自直接路径，只有10%来源于间接路径。③在进一步研究中，我们着重考察多次发行公司债券的样本，发现在这类样本中，会计信息质量对公司债券抑价率的影响很有限。④此外，我们还发现会计信息质量对于公司债券抑价率的负向影响在市场化程度较低组中更为显著。

第7章则为本书的结论，并提出了对未来的研究展望。

徐思

2018年10月

目 录

第1章 绪论 ·· 1
  1.1 研究背景和研究意义 ·· 1
    1.1.1 研究背景 ··· 1
    1.1.2 研究意义 ··· 2
  1.2 研究思路、研究方法、研究范围和研究框架 ················· 3
    1.2.1 研究思路和研究方法 ·· 3
    1.2.2 研究范围 ··· 4
    1.2.3 研究框架 ··· 5
  1.3 主要创新点 ·· 7

第2章 理论基础与文献综述 ·· 8
  2.1 相关概念的界定与衡量 ·· 8
    2.1.1 会计信息质量的定义 ·· 8
    2.1.2 会计信息质量的衡量 ·· 9
    2.1.3 公司债券和企业债券 ·· 11
  2.2 会计信息质量在公司债券市场中发挥作用的理论依据 ···· 13
    2.2.1 信息不对称理论 ··· 13
    2.2.2 委托代理理论 ·· 13
    2.2.3 信号传递理论 ·· 14
    2.2.4 会计信息决策有用论 ·· 15
  2.3 会计信息质量对债券融资的相关研究 ·························· 15
    2.3.1 会计信息质量与债务融资方式的选择 ··················· 15
    2.3.2 会计信息质量与债券融资成本 ····························· 16
    2.3.3 会计信息质量与其他债券契约特征 ······················· 17

2.4	本章小结	18
第3章	**中国公司债券市场发展现状分析**	**19**
3.1	中国公司债券市场发展历程	19
3.2	公司债券市场的发行规模	20
3.3	中国公司债券的发行条件与流程	21
	3.3.1 公司债券的发行条件	21
	3.3.2 公司债券的发行流程	22
3.4	公司债券发行的参与主体	25
3.5	中国公司债券市场存在的问题	26
	3.5.1 大量私募债发行可能导致的风险积聚	27
	3.5.2 债券发行时与存续期内的监管不到位	28
	3.5.3 投资者对债券发行人缺乏约束手段	29
3.6	本章小结	30
第4章	**会计信息质量与公司债券初始信用评级**	**31**
4.1	理论分析与研究假设	31
4.2	研究设计	33
	4.2.1 样本选择和数据来源	33
	4.2.2 变量度量	35
	4.2.3 检验模型	43
4.3	实证结果	44
	4.3.1 描述性统计分析	44
	4.3.2 相关性分析	45
	4.3.3 回归分析	49
	4.3.4 处理内生性	51
4.4	进一步研究	56
	4.4.1 产权性质	57
	4.4.2 审计师声誉	58
4.5	稳健性检验	60
	4.5.1 更换控制变量的度量方式	60
	4.5.2 进一步控制债券的发行目的	62
	4.5.3 对公司规模的考虑	65
	4.5.4 使用bootstrap方法	65
	4.5.5 进一步控制债券评级机构	65

| 4.6 | 本章小结 | 65 |

第5章　会计信息质量与公司债券一级市场定价：融资成本　67
- 5.1 理论分析与研究假设　67
- 5.2 研究设计　69
  - 5.2.1 样本选择和数据来源　69
  - 5.2.2 变量度量　69
  - 5.2.3 检验模型　75
- 5.3 实证结果　76
  - 5.3.1 描述性统计分析　76
  - 5.3.2 相关性分析　76
  - 5.3.3 单变量分析　80
  - 5.3.4 回归分析　84
  - 5.3.5 处理内生性　88
- 5.4 进一步研究　99
  - 5.4.1 会计信息质量对非价格条款的影响　99
  - 5.4.2 横截面分析　104
- 5.5 稳健性检验　111
  - 5.5.1 针对同一家公司一年内多次发行公司债券的处理　111
  - 5.5.2 进一步控制债券的发行目的　113
  - 5.5.3 对公司规模的考虑　113
  - 5.5.4 对数据极端值敏感性的处理　113
  - 5.5.5 使用Fama和Macbeth（1973）的回归方法　117
- 5.6 本章小结　117

第6章　会计信息质量与公司债券二级市场定价：上市首日抑价率　119
- 6.1 理论分析与研究假设　119
- 6.2 研究设计　124
  - 6.2.1 样本选择和数据来源　124
  - 6.2.2 变量度量　124
  - 6.2.3 检验模型　131
- 6.3 实证结果　132
  - 6.3.1 描述性统计分析　132
  - 6.3.2 相关性分析　134

   6.3.3 单变量分析 ·· 136
   6.3.4 回归分析 ·· 137
   6.3.5 处理内生性 ·· 144
   6.3.6 路径分析 ·· 151
 6.4 进一步研究 ·· 154
   6.4.1 对多次发行公司债券样本的考察 ························ 154
   6.4.2 市场环境差异的影响 ···································· 157
 6.5 稳健性检验 ·· 159
   6.5.1 公司债券抑价率指标敏感性测试 ························ 159
   6.5.2 针对同一家公司一年内多次发行公司债券的处理 ········ 161
   6.5.3 进一步控制债券的发行目的 ···························· 162
   6.5.4 对公司规模的考虑 ······································ 162
   6.5.5 对数据极端值敏感性的处理 ···························· 162
   6.5.6 使用 bootstrap 方法 ······································ 165
 6.6 本章小结 ·· 165

第7章 结论 ··· 167

参考文献 ··· 170

第 1 章
绪　　论

1.1　研究背景和研究意义

1.1.1　研究背景

经过改革开放 40 年的快速成长，中国已经成为全球第二大经济体。然而相对于国外多层次的资本市场，我国企业目前的融资渠道主要依赖于银行贷款（Chen 和 Zhu，2013），债券市场的发展水平远比发达国家要低（陈超和李镕伊，2014）。在 1997 年亚洲金融危机爆发前，亚洲所有的发展中国家的公司债券市场基本上都处于边缘化状态（金鹏辉，2010）。但亚洲金融危机爆发之后，各国开始意识到单纯地依赖银行贷款这种间接融资方式，会对本国乃至本地区的金融稳定和经济发展造成极大的隐患，因而开始提高对债券这种直接融资方式的重视。亚洲国家中韩国和马来西亚的债券市场发展尤为迅速，其公司债券规模占 GDP（国内生产总值）的比重几乎与美国持平（Batten 和 Szilagyi，2007）。在此背景下，中国政府也已明确提出要积极发展债券市场，扩大企业直接融资比例，完善我国多层次资本市场体系。金鹏辉（2010）通过跨国数据分析研究得出债券市场发展越完善，越有助于降低企业融资成本这一结论。Batten 和 Szilagyi（2007）也指出，发达的债券市场不仅能帮助公司更加有效地进行直接融资，反过来也可以刺激银行积极进行业务创新，提升银行运营效率。

如今，我国企业可发行的债券有公司债券、企业债券、可转换债券、短期融资券和中期票据等。其中，企业债券发展起步相对较早，它在很长一段时间内都占据着我国信用债券市场上的主导地位。之后，随着银行间市场的蓬勃发展，短期融资券和中期票据成为许多公司进行债券融资的第一选择。尽管公司债券市场早期发展相对缓慢，但在 2015 年中国证券监督管理委员会（以下简称"证监会"）出台了《公司债券发行与交易管理办法》之后，这种状况得到了改进。2016 年，交易所公司债券发行规模为 27681.68 亿元，而当期企业债券和中期票据规模的总和则仅为 17371.80 亿元。可以认为，目前公司债券市场已经成为继银行贷款市场、股票市场之后，企业进行中长期融资的第三大重要场所。

虽然发展公司债券已成为一种共识，但是如何发展公司债券市场仍然是学术界和政府部门热议的话题。2007 年，中国长江电力股份有限公司获准发行了我国第一只公司债券，标志着中国公司债券市场的正式开启。在公司债券发行后的很长一段时间里，我国公司债券市场中都没有出现过债券违约的情况，一些投资者甚至认为公司债券是刚性兑付的。随着 2014 年 3 月上海超日太阳能科技股份有限公司（"11 超日债"）到期无法支付全额本息，公司债券市场出现了首次正式违约。此后，"ST 奈伦债""ST 湘鄂债""12 中富 01"陆续出现违约，标志着"刚性兑付"体制在中国公司债券市场中被逐渐打破。如何科学认识公司债券的违约风险问题，有效防范可能发生的债券信用风险，及时了解发债公司的营运状况，亟待我们进行全面和深入的研究。国内外大量研究表明，会计信息作为衡量发债公司经营管理状况的最重要的信息之一，能在很大程度上帮助投资者合理评估发债公司的违约风险以及公司债券的投资价值。因此，我国债券市场投资者是否关注会计信息，并且能否有效利用会计信息帮助其进行决策，值得会计学界进行深入研究。

1.1.2 研究意义

会计信息质量作为公司债券研究中的重要元素，会对债券市场参与者的价值判断产生重要的影响。本书基于中国的公司债券市场，围绕着债券发行前、债券发行时以及债券上市首日这三个时间区间，就会计信息在公司债券市场中的作用进行了较为深入的探讨。随着公司债券市场的快速发展，公司债券的发行规模越来越大、市场交易越来越活跃，许多潜在投资者也开始重点关注这一投资品种，因而研究会计信息质量对公司债券市场的影响具有重要的理论价值和现实意义。

1.1.2.1 理论意义

本书从公司债券初始信用评级、公司债券融资成本以及公司债券上市首日抑价率这三个角度讨论了会计信息质量在降低公司和各方参与者（本书主要指投资者和评级机构）之间信息不对称的重要作用，丰富了会计信息质量经济后果方面的文献。本书的研究为会计信息在公司债券市场中的作用提供了更多证据，也为目前公司债券市场的蓬勃发展提供了佐证。此外，本书的研究也丰富了信息不对称理论、委托代理理论以及信号传递理论在债券定价理论中的应用，拓展了会计信息的理论研究内容。

1.1.2.2 现实意义

（1）本书的研究对投资者保护自身利益具有现实的指导意义。本书研究表明，目前国内债券市场的投资者会关注发债公司的会计信息质量。通过对发债公司的会计信息质量进行研究，有利于债权人更好地发挥其外部治理功能，进而更好地维护自身利益。

（2）本书的研究对金融机构以及政府监管部门的政策制定能够提供决策依据。我们的研究结论显示，发债公司的会计信息质量在债券定价和债券评级中都起到关键作用，因此，监管部门应该努力完善上市公司信息披露政策，确保其信息披露的真实性和完整性。此外，承销商在进行债券承销、评级机构在进行债券评级时都可以以此作为参考依据，从而降低相关风险。

（3）本书的研究对发债公司的内部治理决策具有重要的指导意义。我们的研究发现，发行人高质量的会计信息能够显著提高公司债券的初始信用评级，降低债券的融资成本以及上市首日的抑价率。因而，上市公司也需要从内部改善公司的信息环境，从整体上提高公司的信息透明度。

1.2 研究思路、研究方法、研究范围和研究框架

1.2.1 研究思路和研究方法

基于中国的公司债券市场，本书就会计信息在公司债券市场中发挥的作用进行了深入探讨。本书以委托代理理论和信息不对称理论为基础，采用实证研究的方法，并以债券信用评级、债券融资成本和债券上市首日抑价率作为研究视角，考察会计信息在债券发行前、债券发行时和债券发行后所发挥的作用。在本书中，我们着重研究了会计信息质量在公司债券定价过程中的作用机理。考虑到会计信息质量一般能通过两条路径作用于公司债券的定价：第一条为间

接路径，即会计信息质量通过影响债券评级进而影响投资者对其定价；第二条为直接路径，即发债公司的会计信息质量能直接影响公司债券的定价行为。因而，在本书中，我们首先研究了会计信息质量对公司债券初始信用评级的影响，接着，我们在控制了债券信用评级后，研究会计信息质量对公司债券一级市场和二级市场定价的影响，这里，我们分别使用发行当日债券融资成本和上市首日债券抑价率来衡量。

信用评级机构作为专业的第三方信息中介，会计信息是评级机构信用评级的重要信息来源。高质量的会计信息能够提供给评级机构更多的决策相关信息。因此，我们预测，高质量会计信息公司发行的公司债券初始信用评级较高。投资者除了依赖信用评级机构出具的评级报告外，也会依赖发债方的财务信息，根据自身的经验来判断该债券的投资价值和可能的违约风险。对于债券发行方而言，债券的融资成本是其关注的最核心问题。发债公司自然希望以尽可能低的成本进行债券融资，但较低的票面利率可能会导致发债失败。因而，发债方通常希望在保证债券成功发行的前提下，尽可能降低债券的融资成本。发债方可以通过提高公司的会计信息质量，降低投资者与公司之间的信息不对称，进而达到降低融资成本的目的。会计信息是投资者对公司进行估值最为重要的信息来源，其信息质量的高低对于投资者价格判断的准确性有着至关重要的影响。因而，我们认为会计信息质量较高的公司，其发行的公司债券上市首日抑价率较低。

本书将采用以下两种研究方法。

（1）文献梳理和理论探讨相结合的研究方法。在查阅大量学术文献、新闻报道以及分析师报告的基础上，结合本书的研究主题，我们首先归纳了当前中国公司债券市场的发展情况，并指出已有研究存在的不足，说明了本书研究问题的重要性。

（2）实证研究法。本书将所有2007—2015年在沪、深证券交易所公开发行的公司债券作为我们的初始研究样本。主要的研究方法为回归分析。通过建立回归模型，考察了公司会计信息质量在债券发行前、债券发行时和债券发行后所起到的作用。

1.2.2 研究范围

我国以企业为发行主体的债券品种包括公司债券、企业债券、可转换债券、中期票据和短期融资券。基于信息不对称理论和委托代理理论，本书采用实证研究的方法，考察会计信息在债券发行前、债券发行时和债券上市首先所发挥的作用。从这个角度出发，公司债券是比较合适的选择，理由如下：①我国市场上现存的可转换债券的转换期一般较短，大多在半年内就可以行权转换为股票，实质上更类似于股权工具而非债务工具。②中期票据和短期融资券是在银行间市场进行交易，采用"集中询价"的交易方式，投资者以银行为主，他们往往有渠道获得发债公司的内部信息，因而他们并不在意公司是否对外披露高质量的会计信息。所以，中期票据和短期融资券也并非最理想的研究对象。③王国刚（2008）指出，企业债券的政府属性使其与一般意义上的公司债券有很大区别。企业债券的发行通常由国家政策导向决定，其募集资金的投向需要符合国家产业政策和行业发展方向。企业债券的发行主体大多为国企和地方融资平台，其发行往往依赖于地方政府的信用支持或隐性担保，因而投资者往往认为此类债券的信用风险较低。此外，绝大部分企业债券在银行间市场上进行交易，较少在沪深交易所市场交易。考虑到企业债券的发行定价以及上市交易并不完全符合市场化的要求，因而企业债券也不是最合适的研究对象。④由于公众投资者也可以参与公司债券的投资，对他们而言，监督债券发行人的成本很高，因而这类债券的投资者是最需要公司提供高质量的会计信息来帮助他们准确评估公司债券的违约风险和投资价值。此外，与企业债券的发行需要依赖政府信用支持不同的是，公司债券的发行定价更加符合市场化的要求。在二级市场上，公司债券是在交易所市场交易，采用"公开竞价"的交易方式，即众多投资者共同竞价并经精算机构配合磋商成交。总之，不论是发行定价还是上市交易，公司债券都更加符合市场化的要求。综合以上分析，我们认为研究会计信息质量在债券市场中的作用，公司债券是最好的研究样本。

1.2.3 研究框架

本书的研究框架见图1-1。

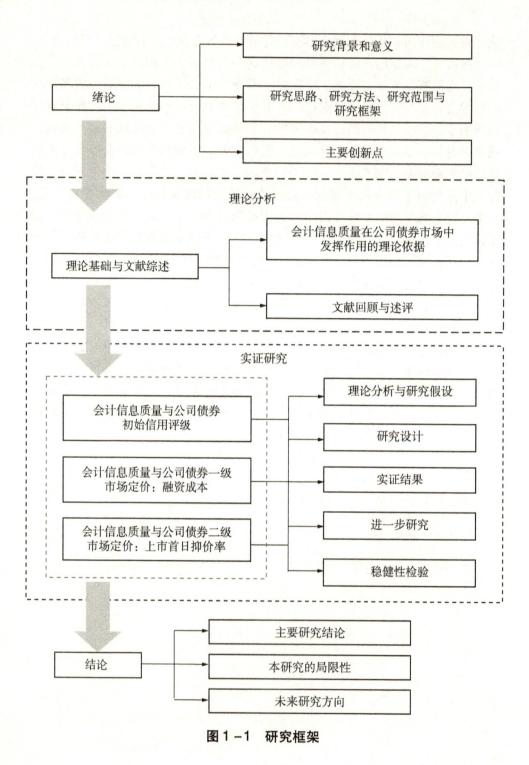

图1-1 研究框架

1.3 主要创新点

（1）本研究基于中国的公司债券市场，围绕着债券发行前、债券发行时以及债券上市首日这三个时间区间，就会计信息在公司债券市场中的作用进行了较为深入的探讨。我们选取了2007—2015年在沪、深证券交易所公开发行的公司债券作为本书的研究样本，采用实证研究的方法，并以债券初始信用评级、债券融资成本和债券上市首日抑价率作为研究对象，考察会计信息在债券发行前后所起到的作用。与国内现有研究相比，本书是目前为止国内相对较为全面的研究会计信息在公司债券市场中的作用的实证研究。

（2）本研究揭示了在我国当前阶段的公司债券市场，发债公司高质量的会计信息能显著降低公司债券的融资成本。进一步地，我们从公司的产权性质和信息不对称角度出发，发现会计信息质量与债券融资成本之间的负相关关系在国有上市企业、主承销商声誉较低组以及非交叉上市组中更为显著。此外，本书还手工收集了公司债券契约中的限制性条款，具体包括融资限制条款和资产出售限制条款。在对比已有研究的基础上，本研究首次发现了在中国的公司债券市场上，会计信息质量越好的公司，其发行的公司债券中所包含的限制性条款数目越少。该结论表明，当公司的信息环境较差时，投资者很难从公司公开披露的信息中判断其盈利能力的好坏以及公司债券的违约风险，此时投资者除了索要较高的风险补偿外，还倾向于引入限制性契约条款来约束管理层可能的不当行为，以此来保护自身利益。

（3）本研究提供了会计信息质量与公司债券上市首日抑价率之间存在负相关关系的经验证据。实证结果还发现，当公司的会计信息质量较差时，聘请高声誉的主承销商能降低公司债券上市首日的抑价率。进一步地，本研究基于中介效应模型，首次研究了会计信息质量以及高声誉的主承销商在降低公司债券抑价率中的作用。研究表明：相对于聘请高声誉的主承销商，公司要想降低公司债券的抑价率，还应该从根本上提高其会计信息质量。

第 2 章
理论基础与文献综述

本章主要梳理与本研究相关的理论基础并对已有文献进行综述。首先，介绍了会计信息质量的定义以及主要的衡量方法，同时我们还比较了公司债券与企业债券之间的异同点；其次，从理论上分析了会计信息质量在公司债券市场中发挥作用的相关机制；最后，梳理并评价了国内外有关会计信息质量对公司债券融资影响的实证研究。

2.1 相关概念的界定与衡量

2.1.1 会计信息质量的定义

会计信息是投资者对公司进行估值最为重要的信息来源，其信息质量的高低对于投资者价格判断的准确性有着至关重要的影响。对于会计信息质量，相关学者从不同角度进行了定义。Francis 等（2005）认为，当本期应计利润对公司未来经营现金流量的估计误差较小时，公司的会计信息质量较好。会计稳健性较高也被认为是公司会计信息质量好的一种表现。学者们通常使用上市公司一定时期内的累计应计利润作为会计稳健性的度量指标，朱松（2013）在其研究中发现，会计稳健性与会计信息质量密切相关，会计稳健性越高，公司的会计信息质量也越好；相反，盈余管理则被认为是公司会计信息质量较差的一种表现。盈余管理的定义最早由 Schipper（1989）提出，他将盈余管理界定为"公司的管理层为了维护自身利益，屈从于来自利益相关方对其盈余预期的压力，在一定的制度框架下，通过选择最有利于自身利益的会计政策，使得财务报告中披露的盈余与预期相符"。而财务造假则被看作会计信息质量极端低下的表现。

2.1.2 会计信息质量的衡量

现有研究主要采用三种方法对会计信息质量进行度量：第一，使用应计质量、会计稳健性等特定指标来衡量公司的会计信息质量，但杨大楷和王鹏（2014）发现，公司管理层除了通过应计项目，还可以通过真实的交易活动来操纵公司的会计信息质量。近年来，有一些文章专门从真实活动盈余出发来衡量公司的会计信息质量（程小可等，2013；蔡春等，2013；顾鸣润等，2012）。第二，采用权威机构给出的信息披露指数或得分来衡量公司会计信息质量的高低。第三，其他学者根据具体情况自行构建会计信息质量度量指标。

2.1.2.1 应计质量

应计利润分离法自提出之日起就受到学术界的广泛关注并一度成为衡量会计信息质量的主要方法。Jones（1991）将应计利润分为可操纵和非可操纵两部分，并把可操纵应计部分用来衡量上市公司的会计信息质量，这一模型一度成为衡量公司会计信息质量的经典方法（方红星等，2013）。

然而，Dechow 和 Dichev（2002）指出，盈余管理水平不能准确地反映公司的信息风险，只有当应计利润计算过程中的估计误差较小时，会计盈余才能代表公司未来的现金流量（即 DD 模型）。杨德明等（2007）也认同这一观点，他们认为应计质量应该以营运资本应计利润转化为经营现金流量的程度来度量。Rajgopal 和 Venkatachalam（2011）采用 DD 模型中的残差项来代替会计信息质量，Verdi（2006）则采用了改进后的 DD 模型中的残差项来度量公司的会计信息质量。

McNichols（2002）指出，DD 模型的一个潜在假设是管理层不存在主观的盈余操纵行为，但目前一系列研究已经证明管理层有操控应计的动机，如果不考虑操控性应计的影响，则在一定程度上会降低模型的解释力。因此，Francis 等（2005）使用经 McNichols 修正后的 DD 模型（2002）来衡量公司会计信息质量。之后，许多学者都开始使用这一方法，他们以模型残差的标准差作为衡量信息风险的代理变量（Lu 等，2010；Ghosh 和 Moon，2010）。然而，上述方法对技术处理和公司上市年限要求较高，并不完全适用于中国的上市公司。中国证券市场设立和发展的时间尚短，所积累的数据往往只能支持横截面回归。因此，现有的基于中国背景的实证研究一般采用残差的绝对值来表征应计质量，残差的绝对值越大，表明应计质量越差。尽管 DD 模型、Francis 等模型（2005）较为准确地估计了应计质量，但是，模型中并没有考虑应计利润还能够及时地确认经济利得和损失这一特性。为了克服这一缺陷，Ball 和 Shivakumar（2006）提出了"非线性应计"模型来更好地估计应计质量。

2.1.2.2 会计稳健性

会计处理中的稳健性原则要求公司对可能预见的损失和费用都应立即予以确认，而对不能预见的收入则不能予以确认，这样可以限制管理者进行过度的盈余操纵。其中，学术界最常使用 Basu 模型（1997）来衡量上市公司的会计稳健性（Zhang，2008；Chen 等，2013；Haw 等，2014）。此外，上市公司一定时期内的累计应计利润也可以作为会计稳健性的度量指标（朱松，2013；Ahmed 和 Duellaman，2007；Xia 和 Zhu，2009）。一般而言，会计稳健性越高，会计信息质量越高。周晓苏和吴锡皓（2013）参照杨丹等（2011）的研究，采用公司计提的资产减值准备与该年年初总资产的比值来表征公司的会计稳健性。Wittenberg - Moerman（2008）、索玲玲等（2013）则使用 C - Score 和 G - Score 方法来衡量公司的会计稳健性。

2.1.2.3 会计信息披露指标

尽管主流的做法是从应计质量和会计稳健性来度量公司的会计信息质量高低，然而，国内也有学者认为，衡量会计信息质量应该从"计量"和"披露"入手来综合考察。应计质量和会计稳健性仅从计量角度来度量会计信息质量可能并不全面，他们建议采用权威机构的评分结果或者相关指数作为会计信息质量的替代变量。中国学者一般采用深交所提供的信息披露考核结果来表征信息披露质量（于富生和张敏，2007；梁上坤等，2013）。美国学者一般采用 AIMR 下属公司信息委员会每年发布的《公司报告实务年度评价》（简称 AIMR 报告）来衡量公司的信息披露质量（Sengupta，1998）。尽管深交所的评价较为客观，且权威性较强，但是其信息考评结果只局限于在深交所上市的公司，信息量有限且大多数评价处于合格或良好等级，较难区分公司间会计信息质量的差异。

2.1.2.4 其他方法

另外一些学者倾向于多维度地分析公司的会计信息质量。Bharath 等（2008）通过对 DD 模型，Teoh、Wong 和 Welch 模型（1998），Dechow、Sloan 和 Sweeny 模型（1995）得到的可操控应计利润进行主成分分析，最终获得可全面反映公司会计信息质量的指标。García 等（2014）分别使用三种方法来计算不同模型下的应计质量。以上方法都是围绕应计模型，然而，之前的研究同样表明应计模型存在严重的测量误差,因而有较大可能会错估公司的会计信息质量(Hribar 和 Collins, 2002; Hribar 和 Nichols, 2007; Ball 和 Shivakumar, 2006)。Core 等(2008)和 Cohen(2008)也同样质疑可操纵性应计能否作为会计信息质量的代理变量。朱松(2013)强调会计信息质量应该涵盖不同维度,仅仅使用一个指标对其进行衡量是不全面的,因此他在文章中采用了三个度量指标,分别为盈余波动性、会计稳健性以及审计质量来共同衡量公司的会计信息质量并得到了一致的结论。

此外,内部控制报告也可以成为衡量公司会计信息质量好坏的来源之一,如果公司存在内部控制缺陷,表明公司的财务信息不可靠,会计信息质量较差。Costello(2011)使用内部控制报告来衡量公司的会计信息质量,发现当借款人(borrowers)内部控制较弱时,贷款人(lenders)会降低对财务条款的依赖,以及向借款人索要较高的风险补偿。方红星等(2013)发现,上市公司自愿披露正面的内控报告能够向外界传递高会计信息质量的积极信号,从而降低其所发行的公司债券的融资成本。现有实证研究还使用会计重述来表征公司的会计信息质量,即若公司存在会计重述行为,则说明其会计信息质量较差(Wang 和 Wu, 2011; Kravet 和 Shevlin, 2010)。除此之外,审计质量和审计费用也成为衡量公司会计信息质量的重要指标。一般而言,当公司主动选择"四大"或"十大"会计师事务所进行审计时,说明公司的会计信息质量较高(朱松,2013)。Hribar 等(2014)认为,传统的会计信息衡量模型都存在一定缺陷,他们首次提出可以将不能被正常解释的审计费用作为会计信息质量的替代变量。由于审计师熟知公司的基本状况,当公司被要求支付非正常的审计费用时,一方面可能由于公司的会计信息混乱,审计师需要投入更多的时间和精力;另一方面可能因为公司的会计信息风险大,审计师需要公司为其承担的风险提供风险补偿。但是,受实际数据的限制,应计模型依然是度量公司会计信息质量的主要方法。

2.1.3 公司债券和企业债券

考虑到公司债券和企业债券在国内的实证研究中极易混淆,且在国外债券市场上,并没有企业债券与公司债券之分,因此,明确这两者之间的差异是非常有必要的。中国证券监督管理委员会(以下简称"中国证监会")于 2007 年 7 月 14 日正式颁布了《公司债券发行试点办法》(以下简称《试点办法》)。同年 9 月 18 日,中国长江电力股份有限公司获准发行不超过 80 亿元(含 80 亿元)的公司债券,这是《试点办法》实施后公开发行的第一只公司债券。而中国企业债券发行始于 1983 年，远早于公司债券。在当时，由于经济转轨初期综合国力较弱，绝大部分的国有企业盈利能力较差，企业又急需资金来发展经济，而在当时通过股票市场融资又不可能，因而大量国企面临着严重的资金短缺问题。为了筹集资金，一部分企业借助政府或银行的信用担保，发行了不完全依靠自身信用水平的债券类产品，即企业债券。尽管早期的企业债券某种程度上具有准国债的性质，但随着我国资本市场的逐步完善，企业债券也开始变得更加市场化。

鉴于本书主要研究会计信息质量在债券一级发行市场和二级交易市场中的作用，因而我们主要比较公司债券和企业债券在这两个市场中的异同点。表2-1分别介绍了公司债券和企业债券的发审制度、主管机构、交易机制以及交易场所。在一级发行市场，主要有"核准制"和"备案制"两种发审制度。"核准制"即证券发行人向主管部门提供材料，主管机构根据企业提交的材料决定是否批准发行。而"备案制"指的是自主发行债券的发行人或承销商在债券发行成功后将相关材料报送至相关机构进行备案。公司债券采用的是"核准制"和"备案制"，其中公募公司债券采用"核准制"，核准机构为证监会；私募公司债券采用"备案制"，备案机构为证券业协会。而企业债券由于品种单一，采用的仅为"核准制"，核准机构为发改委。在二级交易市场上，公司债券采用"公开竞价"的交易方式，即众多投资者共同竞价并经精算机构配合磋商成交。企业债券则相对比较特殊，它既可以采用"公开竞价"的交易方式，也可以采用"集中询价"的交易方式。"集中询价"指的是参与者自行选定交易方，并通过询价的方式逐笔达成交易。关于交易场所，公司债券一般只在交易所市场上市交易，而企业债券可以根据实际情况自行选择在交易所市场交易或是在银行间市场交易。

表 2-1　公司债券和企业债券

	公司债券		企业债券	
一级发行市场	发审制度	主管机构	发审制度	主管机构
	核准制或备案制	证监会①	核准制	发改委②
二级交易市场	交易机制	交易场所	交易机制	交易场所
	公开竞价	交易所市场	公开竞价或集中询价	交易所市场或银行间市场

注：①证监会，即中国证券监督管理委员会，下同；②发改委，即中华人民共和国国家发展和改革委员会，下同。

2.2 会计信息质量在公司债券市场中发挥作用的理论依据

2.2.1 信息不对称理论

在早期的研究中,学者们都假定买卖双方信息是完全充分的。然而早在20世纪60年代,西蒙等人就对这一假设提出了质疑,他们指出在市场交易中任何决策都是不确定的,而信息不充分是造成经济行为不确定的重要原因之一。G. Akerlof、M. Spence 和 J. E. Stigjiz 这三位经济学家于20世纪70年代开始关注并研究市场经济中的信息不对称现象并率先提出了信息不对称理论(asymmetric information theory)。他们认为,在证券市场中,由于买卖双方信息的不对称性,对信息掌握较充分的卖方(在本研究中指发债公司)往往处于信息优势地位;相反,买方(指债券投资者)则处于信息劣势地位。在这种情况下,买方会尽可能地搜集信息来降低信息不对称的风险。具体到公司债券的融资过程,信息不对称主要指投资者对发债公司盈利状况的不了解以及借入资金后,管理层如何使用资金的不了解。在市场完全有效的环境中,发债方和投资者能够对公司债券进行合理定价。然而在市场处于弱势有效或半强势有效时,信息不对称会显著影响公司的融资成本,债券投资者会根据公司提供的财务信息来充分评估公司的违约风险以及公司债券的投资价值。对于会计信息质量较高的发行人,投资者能很好地识别公司面临的违约风险,因而降低对风险补偿的要求。总之,发债主体在债券发行过程中除了应该主动提高公司的会计信息质量,还要积极、自愿地披露与公司经营和财务状况有关的内部信息,努力降低投资者与公司之间的信息不对称,进而赢得投资者的信任。综上所述,信息不对称理论对于研究会计信息质量在公司债券市场中的作用有着非常重要的意义。

2.2.2 委托代理理论

随着社会经济的发展,公司所有者兼具管理者的做法已经暴露出越来越多的问题。20世纪30年代,美国经济学家伯利和米恩斯开始倡导要将公司的所有权和经营权分离开来。他们认为,随着社会分工的精细化以及管理的专业化,公司所有者的管理水平、知识结构等方面存在很大的局限性,与此同时,一批管理经验丰富的职业经理人逐步被人们认可,相对于所有者,他们可能更适合公司的经营和管理。基于此,公司所有者即为委托人,职业经理人即为受托人,二者的分离正是委托代理问题产生的根源。Jensen 和 Meckling（1976）指出，现代公司中主要存在两类代理冲突：一类是股东和管理者之间的利益冲突；另一类是债权人和股东的利益冲突。本研究主要关注第二类代理冲突。公司通过发债方式筹集所需资金，债券投资者和股东之间的利益冲突就不可忽视。公司股东往往希望管理层能将筹集到的资金投入到收益和风险更高的项目中。如果投资成功，股东能得到全部的额外收益，而债券投资者只能得到事先约定的本金和利息；一旦投资失败，股东只以其出资额为限承担有限责任，而债券投资者将承担利息甚至本金都无法收回的严重后果。以上这种情况严重地损害了债券持有人的利益。因而，对于理性的债券投资者来说，他们就会要求更高的风险补偿或者施加更多的约束性条款。为降低代理冲突造成的代理成本增加，管理层会积极进行信息披露、提高公司的会计信息质量，降低债券投资者与股东之间的信息不对称，使得他们更加了解公司经营状况，进而降低公司债券的融资成本。总之，委托代理理论对于研究会计信息质量在公司债券市场中的作用也有着重要的意义。

2.2.3 信号传递理论

信号传递理论（signaling theory）认为，在信息不对称的情况下，资质较好的公司可以通过向市场释放有关公司价值的积极信号，从而使投资者注意到该公司的潜在投资价值。根据之前所提及的信息不对称理论，我们知道，相比于外部投资者，公司内部人更了解公司的私有信息，如公司的盈利能力和投资机会等。当外部投资者和内部人之间存在较为严重的信息不对称时，外部投资者更倾向于以市场平均价格给公司定价，进而导致优质公司处于不利地位，而劣质公司就会获得较高收益。如果持续下去，优质公司就会渐渐退出市场，而劣质公司就会逐渐充斥整个市场。为了解决这一问题，信号传递理论认为当公司质量存在差异，高质量公司的管理层可以选择将公司高品质的信号，如较好的业绩表现、较好的公司治理及时传递给外部投资者，以此获取投资者的关注，而且这种信号传递并不需要支付额外的成本。信号传递原则使得资质好的公司更愿意提高公司的会计信息质量，将公司的偿债能力、盈利能力、成长能力等其他利好信息及时传递给投资者，以实现最终的融资目的。而会计信息质量较差的公司就会被投资者认为是刻意隐瞒不良业绩，公司业绩表现较差。因此，投资者更乐于投资会计信息质量较高的行业和企业，进而提高整个市场上资源的配置效率。在公司债券市场上，为了降低融资成本，公司会主动向外部投资者披露相关信息，如其销售规模和盈利能力等，让投资者能够利用这些信息正确地判断公司的发展潜力和债券可能的违约风险。因此，我们认为信号传递理论为会计信息质量在公司债券市场中发挥作用提供了一种可能的理论解释，即会计信息质量越高的公司，其资质越好，更能被投资者所认可。

2.2.4 会计信息决策有用论

一直以来，受委托代理理论的影响，财务会计目标长时间以"受托责任观"为主导，然而随着资本市场的介入，所有者和经营者之间的关系已不再清晰，"决策有用观"逐渐替代"受托责任观"成为财务会计报告的重要目标，并且决策有用也被视为信息使用者的最终需求。会计信息决策有用论主张会计目标是决策有用，会计需要利用有限的资源为重要领域决策和目标提供相关且可靠的信息。会计信息对使用者决策有用，一方面要求使用者关注会计信息的内容；另一方面会计信息要从决策者出发，保障信息具有及时性和准确性。在公司债券市场上，发债公司应该主动向外部投资者提供决策相关信息，包括公司的发展前景、债券的发行目的以及公司的盈利能力等。会计信息的最高质量要求就是决策有用性，如果对决策没有用，那么，也就不值得提供该项信息。虽然决策有用不仅需要考虑财务信息，还需要考虑非财务信息和其他非确定信息，但对于债券投资者而言，会计信息有用是其进行决策的首要考虑因素。为满足债券投资者对高质量信息的要求，扩大会计的信息含量，提供有价值的财务与非财务信息，开展决策有用论下的会计信息质量研究是迫切且有必要的。

2.3 会计信息质量对债券融资的相关研究

2.3.1 会计信息质量与债务融资方式的选择

向银行借款和发行债券是目前我国公司进行债务融资的主要方式。当公司的信息不对称问题较为严重时，相对于分散的债券投资者，银行拥有更多的信息渠道来获得公司的私有信息，且拥有足够的人力对借款公司进行监督，进而降低违约风险。Diamond（1984，1991）研究发现，信息不对称程度较高的公司更有可能从银行借款。Denis 和 Mihov（2003）则比较了债券、银行借款、私人借款等融资方式，他们发现会计信息质量越好的公司，越倾向于选择发行债券；会计信息质量一般的公司倾向于向银行借款；而会计信息质量最差的公司则倾向于选择私人债务。与上述结论一致，Bharath 等（2008）也发现会计信息质量越差的公司，越倾向于选择银行借款。Chen 等（2013）研究了会计重述与融资方式选择之间的关系，在他们的研究中，主要涵盖银行借款、发行债券和发行股票这三种融资方式。他们发现相比较股票融资，会计重述公司在之后的会计期间内更倾向于采取债务融资方式；而在债务融资方式中，则更倾向于选择银行借款。

如上所述，在之前的研究中，学者们普遍发现信息不对称程度较高的公司更有可能选择银行借款融资。然而，近年来，一些基于中国市场的研究却得到了不一样的结论。Pessarossi 和 Weill（2013）在中国的制度背景下，探讨了信息不对称问题对公司债务融资方式选择的影响。针对发行债券和辛迪加贷款这两种融资方式，他们并未发现信息不对称水平在公司的融资方式选择中发挥显著作用。索玲玲等（2013）利用2007年至2011年中国A股上市公司数据，采用 C-score 指数以及累计应计项分别测度会计稳健性，对这一问题进行了进一步的探讨。但他们研究结果发现，选择银行借款的公司的会计稳健性显著高于选择股权融资或发行债券进行融资的公司。这一发现与传统的观点相悖，被他们称为中国的公司债券之谜。

2.3.2 会计信息质量与债券融资成本

Sengupta（1998）发现公司的信息披露质量与其债务融资成本显著负相关，且这一负相关关系对处于市场不确定性较大环境中的公司更为显著。周宏等（2012）实证发现，发行人与投资者之间的信息不对称程度与企业债券信用利差之间存在显著的正相关关系。朱松（2013）也得到类似的结论，他发现会计稳健性越高的公司，其债券融资成本越低。Ge 和 Kim（2014）从真实盈余管理角度出发，发现真实盈余管理程度越高的公司，其新发行的公司债券融资成本也越高。与上述结论一致，Prevost 等（2008）通过实证研究发现，公司较高的异常应计利润会降低其所发行的债券的市场价格，且这一关系对非投资级别的债券更为显著。这表明债券投资者能够识别公司的盈余操纵行为及其蕴含的潜在风险，并要求更高的投资回报（票面利率）作为风险补偿。以上分析都是围绕首次发行债券的公司。Caton 等（2011）以债券再融资的公司作为研究对象，同样发现如果发行人在债券再融资前刻意进行盈余管理，会给公司带来债券评级下调，融资成本上升等负面影响。除了直接使用债券发行利率外，部分学者还使用信用评级作为融资成本的替代变量，也得到了基本类似的结论。Ahmed 等（2002）发现，稳健性较高的公司，其债务的信用评级也较好。Ashbaugh-Skaife 等（2006）在其研究中也发现盈余质量越高的公司，其债券评级也越好。

朱松（2013）分别使用三个指标来全面衡量公司的会计信息质量，发现会计信息质量越高的公司，其发行的债券信用评级也越高，债券融资成本越低。然而，马榕和石晓军（2015）立足于中国的债券市场（涵盖企业债券、公司债券、短期融资券和中期票据），却发现盈余管理越严重的发债公司，其债券信用评级反而更高。他们认为中国债券市场上信用评级机构的甄别能力较弱，并不能有效识别发债方的盈余管理行为。

2.3.3 会计信息质量与其他债券契约特征

其他债券契约特征一般包括债券发行规模、债券发行期限、债券是否有担保以及债券限制性契约条款的使用。到目前为止，国内外学术界对于会计信息质量与债券非价格特征的研究并不充分，大多还是集中于银行贷款的非价格特征研究上。Bharath 等（2008）基于美国公司债券市场，发现会计信息质量的高低并不会影响债券的发行期限以及担保条款。Graham 等（2008）基于美国的银行贷款数据，发现银行会对财务重述公司要求更多的债务担保并且倾向于向财务重述公司提供短期的银行贷款。Hasan 等（2012）研究了盈余可预测性与银行贷款非价格条款之间的关系。他们的结论表明公司的盈余可预测性越高，其债务期限越长，债务担保越少。与上述观点一致，Chen 等（2016）也发现，相对于"清洁"审计意见，如果借款人在向银行借款之前获得非标审计意见，那么其贷款规模相对较小，而且银行更有可能要求其提供债务担保。

回顾会计信息质量与限制性契约条款之间关系的研究，学者们普遍发现，公司的信息环境越差，越倾向于使用限制性契约条款。Chava 等（2010）研究发现，会计信息质量越差的公司，其发行的公司债券越可能包含与股利支付政策有关的限制性契约条款。Graham 等（2008）基于银行贷款的数据，发现财务重述公司更可能使用限制性契约条款。Hasan 等（2012）研究表明，公司的盈余可预测性与债务限制性契约条款的使用数量显著负相关。与 Graham、Hasan 等人的研究一致，Chen 等（2016）也发现，获得过非标审计意见的公司，银行更有可能在借款合约中使用一般的限制性契约条款，但不太可能使用与财务信息有关的限制性契约条款。他们认为其中的理由可能是，对于被审计师出具过非标审计意见的公司，其本身的财务信息质量就不高，在这种情况下使用与财务信息有关的限制性条款意义不大。然而，Nikolaev（2010）却得到与之前研究不一致的结论，他发现公司的会计稳健性越高，越有可能在公司债券中使用限制性条款。Gong 等（2016）研究发现，企业社会责任信息（CSR）披露越完善，其发行的公司债券中越可能包含限制性契约条款。他们认为这可能是由于公司的信息环境越好,公司越愿意通过在募集说明书中设置契约条款来向市场释放积极信号。

2.4 本章小结

本章主要介绍本研究的理论基础并进行文献综述。我们首先介绍了会计信息质量的相关定义以及主要的衡量方法,同时我们还对公司债券与企业债券进行了区分。其次阐述了会计信息质量在公司债券市场中发挥作用的相关机制。最后我们从会计信息质量与债务融资方式的选择、会计信息质量与债券融资成本以及会计信息质量与其他债券契约特征这三方面入手,梳理了国内外有关会计信息质量对公司债券市场影响的实证研究。

第3章
中国公司债券市场发展现状分析

3.1 中国公司债券市场发展历程

在 2007 年以前,我国以企业为发行主体的债券品种主要包括企业债券和短期融资券。这两类债券在早期发展较为迅速,占据了大量的市场份额。但这一阶段,作为交易所市场的主管部门,证监会并未在第一时间内创造条件推动公司债券市场的发展。截至目前,交易所公司债券的发展历程仅有短短不到 10 年的时间,大致可以分为以下两个阶段。

破冰发展阶段(2007—2014 年):2007 年 8 月 14 日,中国证监会出台了《公司债券发行试点办法》,为公司债券的发行提供了详细的政策指引。2007 年 9 月底,中国长江电力股份有限公司成功发行首单 40 亿元公司债券,被媒体评价为中国资本市场发展中里程碑性质的事件。但值得一提的是,相较于银行间市场的先发优势和充分市场化的制度安排(主要指注册制)所带来的持续稳定的增长势头,公司债券市场在这一阶段内的发展仍相对缓慢。据统计,2014 年,公司债券发行规模为 1407.53 亿元,较 2007 年增长了 1156.72%。但从绝对规模来看,仍与企业债券、短期融资券和中期票据的市场规模有很大差距,仅占债券市场总规模的 3.5% 左右。

井喷式增长阶段(2015 年至现在):面对公司债券市场发展相对缓慢这一问题,2015 年 1 月 15 日,证监会推出了全新的《公司债券发行与交易管理办法》(以下简称《管理办法》),将过去的普通公司债、中小企业私募债、分离债、可转债、可交换债券等一系列债券纳入统一的框架内进行管理。《管理办法》推出了一系列改革创新举措,包括扩充债券发行主体,由过去的上市公司拓展到所有公司制法人,极大地鼓舞了非上市公司发行公司债券的热情;按照债券发行对象的风险承担能力和投资需求，进一步丰富发行方式，新推出了"面向合格投资者的公开发行"（俗称小公募）以及"非公开发行的公司债券"（俗称私募债），这两种新的发行方式使得公司债券有了能够直接和企业债券以及中期票据竞争的底气。此外，证监会着重强调债券发行审核效率的提升，大幅度简化公募债券的审核流程，加快私募债的备案处理速度，也增加了公司债券的吸引力。

3.2 公司债券市场的发行规模

得益于一系列卓有成效的政策改革，公司债券市场的发展自2015年起全面提速。从表3-1中我们可以观察到，相比于2014年，2015年公司债券的发行规模呈现出井喷式增长的趋势，全年同比增长率高达630.56%，从1407.53亿元上升至10282.85亿元规模，全面超过企业债券3421.02亿元的发行规模，接近中期票据12779.46亿元的发行规模。在前一年爆发式增长带来的高基数下，2016年公司债券发行规模仍然延续了高速增长的趋势，同比增长率仍高达169.20%，发行规模达到27681.68亿元，已经远远超过中期票据11446.1亿元的发行规模，与短期融资券33675.85亿元的发行规模已相差不远。由于短期融资券仅提供1年以下的债券融资，而公司债券的存续期一般在1年以上，且大多集中于3～5年的期限，因此，公司债券已经实际上成为信用债市场上中长期融资的主要渠道。从图3-1中我们可以更直观地观察到公司债券发行规模的飞速扩张。

表3-1 2007—2016年信用债市场历史发行规模

（单位：亿元）

年份（年）	企业债券	公司债券	可转换债券	中期票据	短期融资券
2007	1109.35	112.00	104.48	—	3349.10
2008	1566.90	288.00	77.20	1737.00	4338.50
2009	3252.33	734.90	46.61	6912.65	4612.05
2010	2827.03	511.50	717.30	4970.57	6892.35
2011	2485.48	1291.20	413.20	7335.93	10122.30
2012	6499.31	2623.31	163.55	8559.32	14222.47
2013	4752.30	1699.04	544.81	6978.59	16134.80
2014	6971.98	1407.53	320.99	9780.70	21849.53

续表 3-1

年份（年）	企业债券	公司债券	可转换债券	中期票据	短期融资券
2015	3421.02	10282.85	98.00	12779.46	32806.30
2016	5925.70	27681.68	212.52	11446.10	33675.85

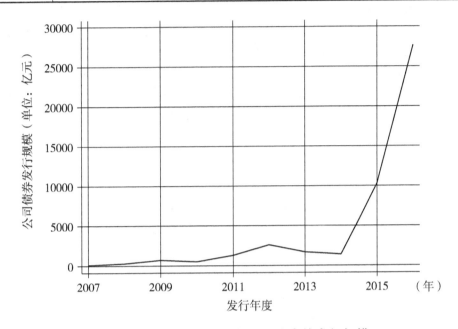

图 3-1　2007—2016 年公司债券的发行规模

3.3　中国公司债券的发行条件与流程

3.3.1　公司债券的发行条件

2015 年新的《管理办法》出台前，公司债券的发行主体主要包括四类：①境内证券交易所上市公司；②发行境外上市外资股的境内股份公司；③证券公司；④拟上市公司。严格的发行主体限制把许多有意愿和需求发行公司债券进行融资的公司挡在了门外。而新的《管理办法》出台后，所有境内外公司制法人都可以发行公司债券，发行门槛显著降低。但依照《国务院关于加强地方政府性债务管理的意见》，公司债券的发行主体排除了地方政府融资平台公司。而根据发行主体的资信情况和目标发行对象的差别，原本单一的公司债券进一步被划分为大公募公司债券、小公募公司债券和私募公司债券。其中，前两者均为公开发行公司债券，后者为非公开发行公司债券。企业债券和银行间市场发行的各种票据均只有公募和私募两种，这种分三个层次划分发行方式的做法是公司债券市场所独创的。

公开发行公司债券（包括大公募和小公募）所需满足的核心财务指标包括以下内容：①若发行人为股份有限公司，则净资产应不低于人民币 3000 万元，若发行人为有限责任公司，则净资产应不低于人民币 6000 万元；②发行人的累计债券余额不得超过公司净资产的 40%；③发行人最近 3 个会计年度的年平均可分配利润须大于债券 1 年的利息。而大公募公司债券除了需满足上述条件之外，同时应满足以下内容：①发行人最近 3 年无债务违约或迟延支付本息的事实；②发行人最近 3 个会计年度实现的年均可分配利润不少于债券 1 年利息的 1.5 倍；③债券信用评级达到 AAA 级。

对于无法达到上述条件的企业法人，则只能选择发行小公募公司债券。由此可见，除了对财务健康程度要求更高外，大公募债券与小公募债券最大的区别在于公众投资者可参与 AAA 信用评级的门槛，证监会相对较严格的审核也意味着大公募债券在公司债序列中处于金字塔尖的位置，具有低风险、高流动性的特征。但发行时被认定为大公募并不意味着进了保险箱，当大公募债券的信用评级被下调至 AAA 级以下时，也会被强制降级为小公募债券。此时仅有合格投资者可以进行交易，但先期持有的公众投资者可以卖出该债券。

过去采取私募方式发行的债券只有交易商协会的非公开定向融资工具（PPN）、交易所的中小企业私募债两类，因此不少人错将新的私募公司债券简单理解为中小企业私募债。事实上，中小企业私募债受到《深交所中小企业私募债券业务试点办法》和《上海证券交易所中小企业私募债券业务试点办法》约束，仍然需满足一系列发行条件。而新的私募公司债券在主体与发行条件（仅由证券业协会设立负面清单）、担保评级（不强制要求评级）、募集资金用途等方面不设硬性限制条件。简言之，非公开发行这种方式是欢迎所有发行人自主选择的，而非强制性的政策分配。但与小公募债券一样，私募公司债的发行与转让对象仅限于合格投资者。

3.3.2 公司债券的发行流程

依据 2015 年出台的《管理办法》，中国证监会对大公募公司债券的发行流程进行了精简，同时对新推出的小公募公司债券和私募公司债券的发行流程进行了详细的规定。图 3-2 给出了大公募公司债券的发行流程。

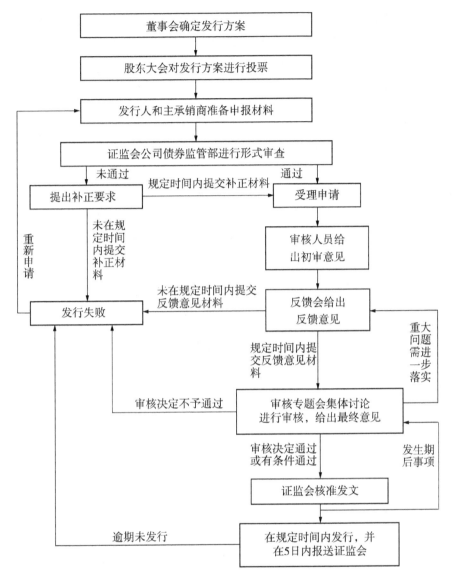

图3-2 大公募公司债券的发行流程

大公募债券的发行主要还是延续早期的上市公司发行公司债的审批流程。保荐制和发审委制度被取消，同时发行人也无须在事前向证监会报送发行方案和承销协议，大大缩短了审核周期。随着保荐制度被取消，申请文件改由发行人和主承销商报送，同时由主承销商对申请文件出具核查意见。申请文件报送至证监会后，首先由公司债券监管部对申请材料进行形式审查，并决定是否受理。公司债券监管部决定申请受理后，将首先筛选出适当的审核人员就申请材料提出初审意见。初审意见会被提交反馈会集体讨论，通过集体决策方式确定反馈意见。针对获得的反馈意见，发行人须在规定时间内提交反馈意见回复材料。依据发行人提交的材料，公司债券监管部会组织审核专题会进行集体讨论并得出审核意见，随后提交证监会进行核准。由中国证监会履行核准责任并审结发文。发行人领取允许发行的核准批文后，若无重大后期事项或已履行完后期事项程序的，可按相关规定启动发行。

而面向合格投资者公开发行公司债（小公募）的审核流程更为简化。发行人的上市申请材料由沪、深交易所直接进行预审，公司债券监管部基于简化核准程序对债券发行进行审核并出具意见。最终仍由证监会对债券的发行履行核准职责并审结发文。但与大公募债券不同，小公募债券的发行人可以直接到交易所领取核准批文，并按规定启动发行程序。图3-3给出了小公募公司债券的发行流程。

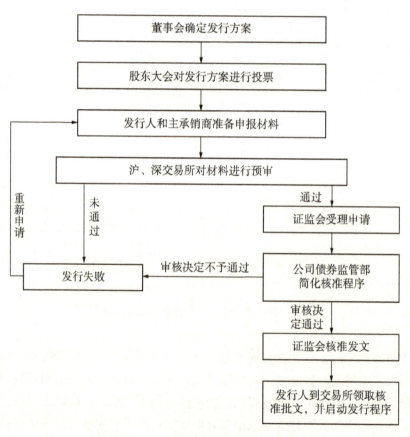

图3-3 小公募公司债券的发行流程

私募公司债券的发行采取备案制，中国证券业协会对非公开发行公司债券备案实施自律管理，中证机构间报价系统股份有限公司具体承办私募公司债券的备案工作。总体来看，私募公司债券的发行灵活度很高，并没有硬性规定的发行流程；从市场参与者处了解到，目前私募债的备案效率也非常高；交易所和证券业协会不对财务指标做硬性要求，也不对风险和收益做任何判断或者保证，而是将私募债的价值交给市场自行判断。市场化的制度设计，宽松的发行条件和快捷的审批备案使得私募债的吸引力大增，已经成为公司债券一级市场上的一大重要供给。

从以上介绍我们可以看出，新的《管理办法》实施后，公司债券的发行门槛显著降低，发行与上市的效率大大提高，大公募、小公募和私募债并存使得公司债券的发行方式变得非常灵活，显著增强了企业对发行公司债券的热情，带来了2015年和2016年公司债券发行规模爆发式的增长。一般而言，发行门槛的降低会使得原本资信水平相对较低的企业也获得债券发行的机会，可能导致发行质量的降低和风险的积聚，同时对债券发行后的监管提出了更高的要求。而合格投资者门槛的引入，将小公募和私募债的投资者限定在那些有足够风险识别和承受能力的机构或个人，有助于增强市场定价的有效性，减轻监管部门的监管压力。在我国债券市场刚性兑付摇摇欲坠但又尚未完全破除的背景下，这样的制度创新能够在控制整体风险的前提下加速公司债券市场的发展，目前从结果来看也确实是行之有效的。

3.4 公司债券发行的参与主体

图3-4为公司债券发行的一般参与主体。债券发行的参与主体非常广泛，最核心的参与方为债券投资人和发行人。发行人希望以较低的成本筹集资金，投资者则希望投资风险较低、收益较高的公司债券。由于发行人和债券投资人之间信息不对称的广泛存在，为了降低信息不对称的风险以及合规的需要，在债券发行过程中需要其他中介机构以及监管机构的参与，以保障交易的顺利进行。如前所述，证监会作为公司债券发行的主管机构，会对发行方提交的材料进行审核。债券受托管理人作为保护债权人利益的机构，尤其关注发行人的资信状况。主承销商作为中介机构之一，他们主要负责尽职调查、设计债券发行方案、策划债券宣传方案、组建承销团等。审计机构作为重要的信息鉴证方，在债券发行过程中，他们负责审计债券发行人最近三年的财务报表，并出具审

计报告；此外，审计机构还需要完成对发行人的财务尽职调查。债券评级机构主要负责对发行方发行的公司债券进行评估，出具债券评级报告并对债券进行至少每年一次的跟踪评级。律师事务所主要就债券的发行、上市出具法律意见书和律师工作报告。通过分析各个参与主体的职能，我们可以看出，发行方的会计信息会对参与主体的职能发挥产生重要作用。发行人披露的会计信息越全面，越有利于各参与主体对发行方真实价值的判断，使得他们出具的意见对投资者更有指导意义。

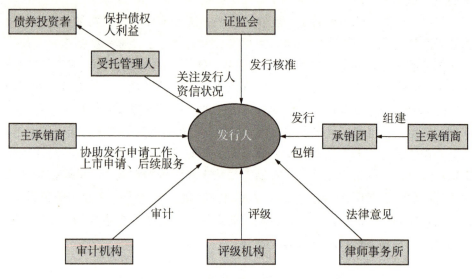

图 3-4　公司债券发行的参与主体

3.5　中国公司债券市场存在的问题

近几年来，包括公司债券在内的国内债券市场发行规模迅速扩张，与此相伴的是越来越多的债券发行人开始出现暂时或实质性的偿债困难。但由于政府和金融中介（银行、承销商以及担保公司等）的援助，我国债券市场长期保持着"零违约记录"。这导致投资者长期秉承"买债看背景"的理念，不对发行人实际的信用风险进行分析，而是以企业与政府之间关系的远近来衡量债券的投资风险。

2014年3月4日，上海超日太阳能科技股份有限公司2011年发行的公司债券（以下简称"11 超日债"）无法全额兑付当期利息（原定 8980 万元仅兑付了 400 万元），被深交所披露正式违约。而"11 超日债"的违约也标志着我国债券市场的"零违约记录"正式被打破，债券的违约风险逐渐暴露。此后，我国债券市场上违约事件的发生越来越频频繁。据统计，2014 年，我国债券市场仅有 6 只债券发生违约，涉及金额仅 13.4 亿元；2015 年，违约债券数量大幅上升至 22 只，所涉及的违约金额也已经达到了 124.1 亿元。到了 2016 年，违约债券的数量进一步上升至 28 只，等于 2014 年与 2015 年违约债券数量之和，所涉及的违约金额也进一步上升。因此，债券的违约风险受到了越来越多的关注，投资者也时刻关注债券违约事件。可见，"刚性兑付"信仰的打破并不是坏事，反而是推动中国信用债市场及其参与者走向成熟的催化剂。历经近 10 年的发展，中国的公司债券市场规模飞速扩张，制度设计也在不断完善。但必须承认的是，当前公司债券市场仍然存在许多问题亟待讨论和解决。

3.5.1 大量私募债发行可能导致的风险积聚

尽管违约事件的频繁发生有利于投资者教育，打破"刚兑"神化，但是也不能让信用违约变成一发不可收拾，甚至导致市场机制崩坏等恶性后果。从统计数据来看，目前公司债券市场上的 31 起违约事件中，有 26 起为中小企业私募债违约或是在场外市场发行的私募债违约。

除了相对较差的宏观经济形势外，一系列企业自身因素是导致中小企业私募债集中违约的主要原因。首先，发行私募债的中小企业往往本身财务状况并不好，偿债能力较低，所以其潜在的违约概率本身就相对较高；其次，中小企业相对较差的公司治理水平、私募债非公开的发行方式，导致信息不对称问题非常严重，妨碍了投资者对企业信用风险的衡量；最后，私募债的成功发行更加依赖于第三方担保等增信机制，而担保方自身存在的失信破产风险会传导至私募债，进而导致违约事件的发生。此外，券商在其中也起到了推波助澜的作用。由于主承销商的主要收入来源是承销费，因此承销商有动力提高发行额度，甚至推动一些不具备资质的企业发行私募债。

从统计数据来看，自新的《管理办法》实施后，2015 年和 2016 年发行的私募公司债规模分别达到了 5031.86 亿元和 14824.91 亿元，超过了全年发行公司债券的 50%。可以说，近两年公司债券市场的飞速增长很大程度上得益于私募公司债的发展。尽管新的私募公司债与过去的中小企业私募债有细微的区别，但基本可以认为现在的私募公司债券能够涵盖过去的中小企业私募债。在中国经济仍处于结构性改革的关键时期，未来走势仍不明朗的情况下，一旦私募公司债出现集中违约，可能会对公司债券市场的整体健康发展造成重大冲击。

3.5.2 债券发行时与存续期内的监管不到位

除了债券发行人本身的信用资质外，债券发行时的审核以及存续期内的监管不到位也是一些债券违约、债权人利益受到侵害的重要因素。由于发行时主承销商审核不严，有的企业通过捏造财务数据、伪造担保函等方式推动债券顺利发行。例如，"12东飞债"违约后，作为债券担保方的东台市交通投资集团有限公司声称投资者得到的担保函并未加盖骑缝章，以此为理由拒绝承担担保责任。如此重大的疏漏竟然未在尽职调查中被主承销商发现，不得不让人对发行程序的严谨性产生怀疑。而当债券持有人想要启动司法程序时，债券发行人拒绝配合，作为受托管理人的平安银行也推卸责任，拒绝在相关文件上签字。这直接导致司法程序无法启动，债券偿债程序进入死结。另一个例子是"12致富债"的违约，其他违约事件中投资者主要针对发行人和担保方进行维权，而"12致富债"的持有人则将矛头直接指向了该债券的主承销商——中信证券。债券持有人指责中信证券在承销过程中存在尽职调查失职（对担保人资质和反担保物的审查疏忽）以及信息披露不实（关键信息披露不及时）等行为，对投资者所估计的债券信用风险有很大的误导。

此外，受托管理人在债券存续期内也会出现失职行为，甚至在违约事件发生后消极对待投资者的诉求。一个典型的例子是"ST奈伦债"的偿债基金挪用事件。"ST奈伦债"的募集说明书中明确了通过设置偿债基金保障债券本息兑付的条款。但2014年12月，奈伦集团按约定应计提的1.5亿元偿债基金并未到账，甚至连2014年6月计提的2亿元偿债基金也全部被挪用。而作为"ST奈伦债"的主承销商和受托管理人，华林证券直到2015年3月4日才对此事发表公告，且并未得到发行方任何实质性的回应。

最后，发行方和投资人对担保方的资质和实力没有足够的重视，也导致了一系列违约事件的发生。一个最典型的例子是为多只违约债券提供担保的中海信达担保有限公司（以下简称"中海信达"）。早在"13中森债"出现利息违约时，中海信达即以"江苏分公司私自担保，总部并不知情"为由，拒绝为该笔债券承担代偿义务。尽管事后经多方斡旋，中海信达向投资者出具承诺函，同意代偿"13中森债"首期利息1800万元，但其自身管理与信用风险已暴露无遗。此后，"13华珠债"、"12致富债"和"12蓝博01债"等违约事件均未得到中海信达的代偿，最终导致其被撤销《融资性担保公司经营许可证》，失去继续从事融资性担保业务的资格。事实上，因拒绝履行代偿义务，中海信达已四次被列入国家失信被执行人名单。早在2005年5月17日，中海信达已经因"无正当理由拒不履行执行和解协议"被最高人民法院列入失信被执行人名单。此后三次，均因"有履行能力而拒不履行生效法律文书确定义务"被再次纳入失信名单，其中最新的一次还涉及"转移财产规避执行，隐匿财产规避执行"等违法行为。

从以上案例可以看出，公司债券的发行与监管制度中仍存在不少薄弱环节，需要改进。第一，发行人资质和申报材料的合规审查仍存在漏洞，无法完全杜绝发行人采取欺骗的手段获得发行机会。第二，监管方设立的信息披露制度的执行亟待加强，信息披露的不完善导致投资者无法及时掌握企业的动态和风险水平。第三，中介机构资质和职能有待完善与优化，受托管理人和担保方的责任与服务意识薄弱，无法有效保障投资者利益。

3.5.3 投资者对债券发行人缺乏约束手段

在债券的募集说明书中，发行人会就资金的用途、关键信息的披露以及偿债的保障措施等细节进行约定。但事实上很多发行人在债券成功发行后并不按照募集说明书中约定的方式使用资金或披露相关信息。而这种违反契约的行为一方面比较难以被投资者发现，即使发现了，投资者也要通过债券投资人会议投票表决进行处理，处理效率低下。例如，在"13大宏债"违约事件中，发行人江苏大宏纺织集团股份有限公司违规将1.8亿元募集资金转借给担保方江苏省射阳县城市投资发展有限责任公司（以下简称"射阳城投"）使用，并未按照募集说明书中所称偿还银行贷款和补充公司流动资金。即使此前发生了违规占用资金事件，担保方射阳城投在违约发生后依然态度消极，拒绝承担偿付责任。

在另外一些情况下，债权人意识到企业的投资或经营决策风险很高，可能对其未来的偿债能力产生极大的影响，但限于其有限的约束力，也无法对企业加以干预。一个典型的例子是"12津天联"违约事件。这只债券本身的发行规模并不大，仅5000万元，票面利率9%。而发行人天津市天联滨海复合材料有限公司（以下简称"天联复材"）陷入困境的原因并不是其本身经营不善，而是被其母公司"拖下了水"。据了解，发行人的母公司天联集团早已深陷债务危机，由于天联复材之前对母公司的大量债务进行了担保，导致其自身也受到牵连，涉案赔偿金额高达3亿~4亿元。在现有制度下，即使债券投资者意识到这种关联担保的巨大风险，在债券实质性违约前，投资者也缺乏有效的手段干涉天联复材对母公司的担保行为。

与银行贷款不同，公司债券的持有人往往是分散的，每一个投资者单独收集债券发行人的信息的成本很高，无法类似银行一样对债务人实施长期动态的监督约束。如前所述，公司债券市场上还长期存在受托管理人不积极履行监督职责的现象，使得存续期内债券投资者的风险得不到有效的控制。而在发达国家（主要指美国）的债券市场上，债券投资者可以通过债券契约中规定的一系列保护性条款来保护自身权利。这些条款一般会对债务人的投资、融资以及股利发放行为予以约束，或是约定债权人在一定情况下能够对债务人公司治理或其他重大决定发表意见，以此来在事前对债权人进行保护。例如，之前提到的"12 津天联"事件，只需要在债券契约中明确限制企业的关联担保行为，或是划定母子公司的债务责任边界，就可以在一定程度上避免该事件的发生。但从目前的情况来看，我国债券契约中债权人保护与限制性契约条款的设计与应用还处于初级的阶段。除此之外，我国相对较弱的法制环境也是制约限制性契约条款得到广泛应用的一个重要原因。

3.6　本章小结

首先，本章概括了中国公司债券市场的发展历程，并介绍了近几年公司债券市场快速增长的主要原因。新的《管理办法》放松了公司债券的发行条件，允许所有符合条件的公司法人发行公司债券并开创性地将公司债券分为三个层次，即大公募、小公募和私募债，分别适应不同发行主体的需求。其次，我们介绍了当前公司债券的发展情况。公司债券自 2015 年之后呈现井喷式增长态势，目前公司债券的发行规模已经远远超过中期票据，与短期融资券的发行规模也已相差不远。公司债券事实上已经成为信用债市场上企业中长期融资的主要渠道。此外，结合证监会最新出台的改革办法，我们还详细介绍了最新的公司债券的发行条件、发行流程以及债券发行的参与主体。最后，我们总结了目前中国公司债券市场上依然存在的问题。尽管公司债券近几年来增长迅速，但同时也暴露出许多监管上的漏洞，导致公司债券市场上的信息不对称问题依然严重，投资者缺乏有效的手段对债券发行人的行为进行约束，难以有效维护自身利益。

第4章
会计信息质量与公司债券初始信用评级

本章研究发债公司的会计信息质量对公司债券初始信用评级的影响。首先,在第一部分对会计信息质量与债券信用评级关系的理论基础进行分析,并依此提出相应假设。接着,在第二部分对研究样本、涉及的主要变量和实证模型等进行说明。并在第三部分详细分析实证研究结果。此外,我们还在第四部分和第五部分进行了进一步研究和稳健性检验。最后,在第六部分进行本章小结。

4.1 理论分析与研究假设

West (1973) 以及 Liu 和 Thakor (1984) 都认为,信用评级是债券发行的必要条件,它能够减小投资者与发行人之间的信息不对称,提示公司的违约风险,对公司的融资成本有直接影响。一系列证据表明,会计信息是评级机构进行信用评级的重要信息来源(陈超和郭志明,2008;Dechow 等,2010;朱松,2013;陈超和李镕伊,2013)。高质量的会计信息能够提供给参与各方,如投资者和评级机构更多的决策相关信息。陈超和郭志明(2008)、陈超和李镕伊(2013)指出,评级机构在进行评级时,主要以发债公司的财务信息为依据,衡量债券或发债主体的违约风险。财务信息的质量越高,越能降低评级机构与发债公司之间的信息不对称,越有利于评级机构对于公司真实价值的判断。鉴于高声誉审计的信息保证功能,陈超和李镕伊(2013)发现,公司的审计质量越高,其鉴证水平也越高,有利于降低债券投资者面临的违约风险,因而这类公司发行的公司债券信用评级较高。朱松(2013)也得到了类似的结论,他发现发行方的会计信息质量与债券信用评级正相关。

信用评级由独立的第三方认证机构评定,它的高低既关系到债券能否顺利发行,同时也会影响到债券票面利率和发行成本(何平和金梦,2010)。因此,获得较高的初始信用评级对于发债公司而言是非常重要的。Graham 等（2005）、Bhojraj 和 Swaminathan（2009）以及 Cohen 和 Zarowin（2010）等指出，公司在债券发行前会通过盈余管理行为来获得较高的信用评级，并以此来获得较低的融资成本。Rangan（1998）发现，在股权再融资（SEO）前，发行人倾向于提高应计利润来有意误导投资者；而 SEO 结束后的下一年，公司往往会出现利润反转，盈利水平显著下降。Pae 和 Quinn（2011）发现，公司会在债券发行前使用盈余管理手段来增加利润。更进一步地，Caton 等（2011）发现，发债方除了在债券首次发行时进行盈余操纵，在债券增发时也会运用类似手段来粉饰业绩。在这种情况下，盈余管理是对发行人真实业绩信息的扭曲，评级机构从公开披露的财务信息中并不能够可靠地衡量公司未来的业绩。那这里就会存在一个问题：信用评级机构能否识别发债方的盈余管理行为，从而发挥出应有的监督作用？

一般认为，良好的债券信用评级机构应能识别出盈余管理造成的财务信息扭曲，并确保这种扭曲不会对债券评级产生显著影响（马榕和石晓军，2015）。更进一步地，若评级机构识别出公司的盈余管理行为，会对会计信息质量较差的公司进行"惩罚"，给予较低的信用评级；相反，如果信用评级机构并未识别出公司的盈余管理行为，反而误认为是一种正面的信号，抑或出于自身利益考虑而有意忽视盈余管理行为，则可能会给予发债公司较高的信用评级。马榕和石晓军（2015）立足于中国的债券市场（涵盖企业债券、公司债券、短期融资券和中期票据），发现盈余管理越严重的发债公司，其债券信用评级反而越高。这一发现表明中国公司债券市场上的信用评级机构并不能有效识别发债方的盈余管理行为。

因而，我们预期如果信用评级机构能够识别出发债方的盈余管理行为，则在公司债券评级的过程中，会对会计信息质量差的公司进行"惩罚"，给予较低的信用评级。在这种情况下，公司的会计信息质量越差，债券信用评级越低。但是，如果信用评级机构并不能发现管理层的盈余管理行为，反而误以为进行向上盈余管理的公司盈利状况和信用水平良好，很可能会给予较高的信用评级。据此，我们提出如下两个竞争性假说。

假设 H1a：在其他条件不变的情况下，公司的会计信息质量越高，其发行的公司债券信用评级越高。

假设 H1b：在其他条件不变的情况下，公司的会计信息质量越高，其发行的公司债券信用评级越低。

4.2 研究设计

4.2.1 样本选择和数据来源

本章选取了 2007—2015 年在沪、深证券交易所公开发行的所有公司债券作为我们的初始研究样本。之所以选择 2007 年作为研究起点，是因为直到《公司债券发行试点办法》颁布后，企业发行公司债券的主体资格及发行程序才得到明确。随后，中国才有了第一只公司债券的正式发行。①

为了保证研究结论的可靠性和准确性，借鉴已有研究（杨大楷和王鹏，2014；陈超和李镕伊，2014；方红星等，2013），我们对样本进行了如下处理：①考虑到金融企业在行业特征、报表结构以及受到的监管约束方面与其他行业有较大差异，因此本章剔除了所有金融行业上市公司发行的公司债券；②大部分非上市公司的财务信息披露制度较差，并未披露本章实证分析所需的许多财务指标，因此我们剔除了非上市公司发行的公司债券；③剔除所选变量存在缺失值的样本，如我们至少需要发债公司连续三年的财务数据来计算该公司的会计信息质量。经过上述筛选，我们最终获得了 2007—2015 年 A 股上市公司所发行的 543 只公司债券。为降低极端值对回归结果的干扰，本章对所有连续变量在 1% 和 99% 百分位上进行了缩尾处理。表 4-1 为样本筛选过程。

表 4-1 样本筛选过程

原始样本（个）	筛选标准	筛选后样本（个）
863	减：金融类上市公司发行的公司债券	803
	减：非上市公司发行的公司债券	601
	减：财务数据不全的上市公司发行的公司债券	543

表 4-2 为样本的行业和年度分布情况。从时间分布上来看，公司债券的发行主要集中在 2011 年以后，其中 2012 年全年共发行 160 只公司债券，占比高

---

① "长江电力"（600900）发行不超过 80 亿元（含 80 亿元）公司债券及第一期发行 40 亿元公司债券的申请于 2007 年 9 月 18 日获中国证监会发行审核委员会审核通过。这是《公司债券发行试点办法》实施后的第一只公司债券。

达30%。2007—2010年总共发行62只公司债券，占比仅为11%，这主要是由于公司债券市场的发展起步较晚，早期发展相对较为缓慢。伴随着宏观层面上货币政策紧缩，银行贷款及股票市场融资难度加大，发行公司债券已经成为公司新的融资方式。另外，从行业分布上来看，制造业行业为公司债券发行的集中地，比重达到49.4%。而科学研究和技术服务业（行业代码M）、居民服务、修理和其他服务业（行业代码O）、教育（行业代码P）、卫生和社会工作（Q）以及文化、体育和娱乐业（R）中暂时没有公司发行过公司债券。本章所使用的数据主要来自于Wind和CSMAR数据库。我们首先从巨潮资讯网中确定公司债券的代码，然后从Wind和CSMAR数据库查找公司的财务数据以及债券发行的相关数据，包括债券发行金额、发行期限、信用评级以及债券是否有担保等。① 考虑到年度财务报告披露的滞后性，本章用到的财务数据均为债券发行时披露的前一年的财务数据（杨大楷和王鹏，2014；Ge和Kim，2014）。这样做的原因有两个方面：第一，前一年的财务数据能够在债券定价时被投资者直接获得；第二，可以部分降低解释变量与被解释变量之间因果关系产生的内生性问题。

表4-2 样本行业年度分布

行业	代码	2007年	2008年	2009年	2010年	2011年	2012年	2013年	2014年	2015年	总计（个）
农、林、牧、渔业	A	0	0	0	0	0	3	2	1	0	6
采矿业	B	1	0	3	4	5	15	7	5	5	45
制造业	C	0	2	9	7	74	93	21	24	38	268
电力、热力、燃气及水生产和供应业	D	3	2	1	0	10	15	5	7	3	46
建筑业	E	0	0	2	4	2	6	3	0	2	19
批发和零售业	F	0	0	1	1	1	7	2	1	6	19
交通运输、仓储和邮政业	G	0	0	3	1	10	16	10	6	5	51

---

① 我们之所以先从巨潮资讯网确定公司债券的代码，是因为Wind和CSMAR数据库中对公司债券的定义不是很准确。例如，CSMAR中定义的公司债券122513（12伟星集）、122514（12金融街）以及122515（12庆城投），最后我们在确认时发现其实是企业债券。

续表 4-2

行业	代码	2007年	2008年	2009年	2010年	2011年	2012年	2013年	2014年	2015年	总计（个）
住宿和餐饮业	H	0	0	0	0	0	1	0	0	0	1
信息传输、软件和信息技术服务业	I	0	0	0	0	1	2	0	1	1	5
房地产业	K	0	3	13	1	0	0	6	14	34	71
租赁和商务服务业	L	0	0	0	0	0	0	1	1	2	4
水利、环境和公共设施管理业	N	0	0	0	0	0	0	0	2	1	3
综合业	S	0	0	1	0	1	2	0	0	1	5
总计（个）		4	7	33	18	104	160	57	62	98	543

注：本表上市公司的行业划分是根据中国证监会在2012年制定的行业分类标准统计的。由于科学研究和技术服务业（行业代码M），居民服务、修理和其他服务业（行业代码O），教育（行业代码P），卫生和社会工作（Q）以及文化、体育和娱乐业（R）中暂时没有公司发行过公司债券，因而表格中没有列出上述行业。

4.2.2 变量度量

4.2.2.1 被解释变量

在债券发行时，各专业信用评级机构（如大公国际资信评估有限公司、东方金诚国际信用评估有限公司、鹏元资信评估有限公司、中诚信证券评估有限公司、联合信用评级有限公司和上海新世纪资信评估投资服务有限公司）会对各只债券进行评级。① 如前所述，有资格发行公司债券的公司一般财务绩效较好，因此，其所发行的公司债券获得的信用评级也一般较高，我们研究样本中的债券所获得的评级包括 AA-，AA，AA+，AAA 级。我们借鉴国际通常做法（方红星等，2013；Gong 等，2016；2017），对公司债券信用评级进行赋值：AA- =1，AA =2，AA+ =3，AAA =4；数值越高代表评级越好。这里我们用 Rate 来表示债券的信用评级。需要说明的是，我们这里选择的是债项评级而非

---

① 我们样本中的公司债券主要是由联合信用评级有限公司（29.6%）、鹏元资信评估有限公司（20.9%）以及中诚信证券评估有限公司（28.2%）进行评级的。

主体评级，是因为主体评级是债项评级的基础，评级机构在对公司债券进行评级时既要考虑债券本身的风险也要评估发债公司的违约风险。因而，债项评级会比主体评级更加全面。

4.2.2.2 解释变量

对于公司会计信息质量的衡量，我们主要根据三种模型来计算得出，即 Dechow 和 Dichev 模型（2002），Francis、LaFond、Olsson 和 Schipper 模型（2005）以及 Ball 和 Shivakumar 模型（2006）。这些模型已经被学术界认可并被广泛用来度量企业信息环境的好坏（Francis 等，2005；Bharath 等，2008；Lu 等，2010；Chen 等，2011；Lobo 等，2012；García - Teruel 等，2014）。①

（1）Dechow 和 Dichev 模型（2002）。Dechow 和 Dichev 模型（2002）是度量会计信息质量的经典模型，其主张将本期应计项目与上期、本期和下期的经营现金流量匹配起来。如果匹配程度较高，则说明本期的应计利润能在很大程度上反映当期和前后期实现的现金流，意味着公司的会计信息质量较高。模型如下表示：

$$\frac{TCA_{i,t}}{AvgAssets_{i,t}} = \beta_0 + \beta_1 \frac{CFO_{i,t-1}}{AvgAssets_{i,t}} + \beta_2 \frac{CFO_{i,t}}{AvgAssets_{i,t}} + \beta_3 \frac{CFO_{i,t+1}}{AvgAssets_{i,t}} + \varepsilon_{i,t}$$

$$(4-1)$$

其中，$TCA_{i,t}$ 表示公司 i 在第 t 年度的总营运资本应计项目。$TCA = \Delta CA - \Delta Cash - \Delta CL + \Delta Debt$，其中，$CA$ 为企业的流动资产，$Cash$ 为企业的现金及现金等价物之和，CL 为企业的流动负债，$Debt$ 为短期银行借款。总营运资本应计等于流动资产的变动额减去现金及现金等价物的变动额减去流动负债的变动额加上短期银行借款的变动额。CFO 是指经营活动产生的现金流量，$CFO_{i,t-1}$、$CFO_{i,t}$、$CFO_{i,t+1}$ 分别为第 $t-1$ 期、第 t 期及第 $t+1$ 期的经营活动现金流量。$AvgAssets_{i,t}$ 为公司的年平均总资产，等于公司 i 第 t 年总资产和第 $t-1$ 年总资产的平均值。$\varepsilon_{i,t}$ 为随机干扰项。为了控制由于公司规模差异所导致的偏差，模型（4-1）中的所有变量都除以年平均总资产。

---

① 这里隐含的一个前提是应计质量可以更好地衡量发债公司的信息不对称情况。一般而言，刚在股票市场上上市的公司（IPO 公司）规模较小但成长机会较大，早期现金流非常不稳定，这容易导致根据应计模型计算出来的会计信息质量不能很好地反映公司的信息不对称情况。然而，由于我国发债制度上的约束，能够发行公司债券的公司一般规模较大，上市年限较长，现金流较为稳定。在这种情况下，应计质量可以比较准确地度量公司的信息环境。

我们对所有公司分年度、分行业按照模型（4-1）进行回归，这里行业分类的依据是证监会2012年的行业分类标准。通过模型（4-1），我们可以计算出相对应的残差，模型的残差项反映了公司的实际应计额偏离基于潜在经济交易的预期应计额的程度。如果偏离程度大，则说明该公司的盈余质量较差。因而，模型残差的绝对值可以作为会计信息质量的代理变量。绝对值越大，表示公司的实施的盈余管理水平更高，意味着公司的会计信息质量越差。为了便于解释，我们将残差的绝对值（$|\varepsilon|$）乘以 -1 得到 AQ_dd。AQ_dd 越大，意味着公司的会计信息质量越高，信息环境越好。需要指出的是，这里我们并没有完全照搬 Dechow 和 Dichev（2002）的方法。Dechow 和 Dichev 模型（2002）在计算公司 i 第 t 年的应计质量时，把公司 i 第 $t-4$ 年到第 t 年残差值（$\varepsilon_{i,t}$）的标准差当作公司 i 第 t 年的应计质量。他们认为在 5 年这个较长的时间区间内，会计方法的差异和公司管理层对会计盈余的操纵都能够得到充分的体现。由于公司债券的样本有限，如果我们完全按照 Dechow 和 Dichev（2002）的方法，这就要求每个发债公司在债券发行前有连续 5 年的财务数据，这会导致我们失去很多有效样本。① 因而，我们借鉴 Wang（2006）、郑国坚（2009）及 García – Teruel 等（2014）的做法，采用一种相对简单的方法，以残差的绝对值作为会计信息质量的反向量度指标。

（2）Francis LaFond、Olsson、Schipper 模型（2005）。McNichols（2002）发现，模型的回归残差部分与模型所控制的销售收入变动额及固定资产原值等因素显著相关。McNichols（2002）遂将 DD 模型与 Jones 模型合并，建立的修正模型综合了这两个模型的优点。实证结果也表明修正模型的解释力与 DD 模型和 Jones 模型相比均有显著提高。Francis 等（2005）采纳 McNichols（2002）的方法，在传统的 DD 模型基础上加入了修正 Jones 模型中的重要变量。其回归模型为：

---

① 根据证监会发布的《公司债券发行与交易管理办法》《公开发行证券的公司信息披露内容与格式准则第 24 号——公开发行公司债券申请文件（2015 年修订）》《公开发行证券的公司信息披露内容与格式准则第 23 号——公开发行公司债券募集说明书（2015 年修订）》等相关规定的要求，发行人在发行债券前应当提供最近三年连审的审计报告。其中，5 月 1 日至 10 月 31 日发行的，应使用最近三年连审的审计报告；11 月 1 日至 12 月 31 日公告发行的，除使用经审计的最近三年连审的审计报告外，还应披露上半年审计报表（可未经审计）；1 月 1 日至 4 月 30 日前公告发行的，可使用不包括上年的最近三年连审的审计报告，但应补充披露上年前三季度或全年的财务报表（可未经审计）。因而，针对上市（IPO）年限不足三年的公司，我们只能得到债券发行前三年的财务数据。

$$\frac{TCA_{i,t}}{AvgAssets_{i,t}} = \beta_0 + \beta_1 \frac{CFO_{i,t-1}}{AvgAssets_{i,t}} + \beta_2 \frac{CFO_{i,t}}{AvgAssets_{i,t}} + \beta_3 \frac{CFO_{i,t+1}}{AvgAssets_{i,t}} +$$
$$\beta_4 \frac{\Delta REV_{i,t}}{AvgAssets_{i,t}} + \beta_5 \frac{PPE_{i,t}}{AvgAssets_{i,t}} + \varepsilon_{i,t} \qquad (4-2)$$

其中,$\Delta REV_{i,t}$ 为公司 i 第 t 年营业收入变动额,$PPE_{i,t}$ 为公司 i 第 t 年固定资产原值。$\varepsilon_{i,t}$ 为随机干扰项。其他变量与 DD 模型中的变量一致。我们对所有公司分年度、分行业按照模型(4-2)进行回归,这里行业分类的依据是证监会 2012 年的行业分类标准。通过模型(4-2),我们可以计算出相对应的残差,模型的残差 $\varepsilon_{i,t}$ 代表公司 i 第 t 年营运资本应计与现金流无关并且不能被销售收入的变动和固定资产的原值所解释的部分。Francis 等(2005)以五年(第 $t-4$ 年到第 t 年)残差 $\varepsilon_{i,t}$ 的标准差计算公司 i 第 t 年的应计质量。受限于我们的样本,我们这里只使用残差的绝对值作为会计信息质量的代理变量。绝对值越大,意味着公司的会计信息质量越差。与之前一致,我们用残差的绝对值($|\varepsilon|$)乘以 -1 来度量 AQ_francis。AQ_francis 越大,意味着公司的会计信息质量越高,信息环境越好。

(3) Ball 和 Shivakumar 模型(2006)。模型(4-1)中,我们采用 DD 模型衡量公司的会计信息质量。Ball 和 Shivakumar(2006)认为,DD 模型未能充分考虑会计应计程序的非线性属性,因此,他们在 DD 模型基础上加入了变量 D 以及 D 和 ΔCFO 的交乘项来反映这种非线性属性。构建的修正模型则控制了应计与本期现金流之间存在不对称正相关关系的情况,使得模型的精确度得到提高。其回归模型为:

$$\frac{TCA_{i,t}}{AvgAssets_{i,t}} = \beta_0 + \beta_1 \frac{CFO_{i,t-1}}{AvgAssets_{i,t}} + \beta_2 \frac{CFO_{i,t}}{AvgAssets_{i,t}} + \beta_3 \frac{CFO_{i,t+1}}{AvgAssets_{i,t}} +$$
$$\beta_4 \frac{\Delta CFO_{i,t}}{AvgAssets_{i,t}} + \beta_5 D + \beta_6 D \frac{\Delta CFO_{i,t}}{AvgAssets_{i,t}} + \varepsilon_{i,t} \qquad (4-3)$$

其中,$\Delta CFO_{i,t}$ 为公司 i 第 t 年经营性现金流量的变动额。D 为虚拟变量,如果公司 i 第 t 期经营性现金流($CFO_{i,t}$)小于公司 i 第 $t-1$ 期的经营性现金流($CFO_{i,t-1}$),那么 D 为 1,否则 D 为 0。$D\Delta CFO_{i,t}$ 为 D 和 $\Delta CFO_{i,t}$ 的交乘项。$\varepsilon_{i,t}$ 为随机干扰项。其他变量与 Dechow 和 Dichev(2002)方法中的变量一致。我们对所有公司分年度、分行业按照模型(4-3)进行回归,这里行业分类的依据是证监会 2012 年的行业分类标准。通过模型(4-3),我们可以计算出相对应的残差。与之前一致,我们将残差的绝对值($|\varepsilon|$)乘以 -1 得到 AQ_bs。AQ_bs 越大,意味着公司的会计信息质量越高,信息环境越好。

4.2.2.3 控制变量

根据信用评级相关文献（朱松，2013；刘娥平和施燕平，2014；马榕和石晓军，2015），我们在回归分析中引入若干控制变量来控制公司特征和债券特征对公司债券信用评级的影响。

公司规模（Size）：公司规模等于年末总资产的自然对数值。规模越大的公司普遍上市时间越长，声誉越好。因而，我们预期公司规模与债券信用评级正相关。

杠杆率（Lev）：杠杆率等于总负债除以总资产。平均而言，公司的杠杆率越高，违约风险越大，债券的信用评级也越低。因而，我们预期杠杆率与债券信用评级负相关。

盈利能力（ROA）：这里我们用总资产收益率来衡量。总资产收益率越高，说明公司的盈利能力越强，公司债券发生违约的可能性越低。因而，我们预期总资产收益率与债券信用评级正相关。

公司成长性：我们使用托宾 Q（TobinQ）和营业收入增长率（Growth）这两个指标来衡量公司的成长能力。托宾 Q 等于股票市值除以资产重置价值。托宾 Q 越大，说明公司的成长性越好。营业收入增长率等于本年营业收入除以上一年营业收入。一般而言，公司的成长性越好，未来现金流越有保障，债券信用评级越高。但是，Gong 等（2016）指出，成长性越好的公司越容易面临财务困境，有些公司在盲目扩张的过程中，极易造成公司资金链断裂。基于此，我们暂时不对 TobinQ 和 Growth 的系数符号进行预期。

公司破产风险（Z_score）：我们根据 Altman（1968）的方法来计算公司的破产风险。$Z\_score = 0.012X_1 + 0.014X_2 + 0.033X_3 + 0.006X_4 + 0.999X_5$，$X_1$ = 营运资本/总资产，X_2 = 留存收益/总资产，X_3 = 息税前利润/总资产，X_4 = 普通股优先股市场价值总额（总市值）/总负债，X_5 = 营业收入/总资产。Z_score 越大，公司的破产风险越小。我们预期 Z_score 与债券信用评级正相关。

产权性质（SOE）：SOE 为虚拟变量，如果发债公司的实际控制人为中央或地方政府，则取值为 1，否则为 0。国有企业因为其产权的特殊性，即使在面临破产风险或发行的公司债券出现违约的情况下，政府也往往会出面对其进行救助。因而，我们预期国有企业发行的公司债券，其信用评级较高。

审计质量（Big4）：虚拟变量，如果公司债券的发行主体其近期披露的年报是由国际四大会计师事务所（毕马威、普华永道、德勤和安永）审计的，则为 1，否则为 0。陈超和李镕伊（2013）以中国 2007—2011 年发行的公司债券作为研究样本，发现高质量审计（"四大"或"十大"会计师事务所审计）可以显著提高公司债券的信用评级。基于此，我们预期由四大会计师事务所审计的公司，其发行的公司债券信用评级较高。

主承销商声誉（*Toptier*）：之前的文献主要使用两种方法来衡量承销商声誉（郭泓和赵震宇，2006；Chen 等，2013）。第一种是根据"墓碑公告"中承销商的排名次序作为其声誉的代理指标。第二种是以各承销商在证券承销市场中的份额作为其声誉的代理变量。考虑到我国目前暂无权威机构对承销商声誉进行评价排名，因此我们采用第二种方法来度量主承销商声誉。根据中国证券业协会排名，我们将排在前20%的主承销商定义为高声誉主承销商，并赋值为1，其他为0。① 考虑到不同的排名标准，我们分别使用三个变量来全面度量主承销商声誉。具体而言：根据主承销商的总资产排名划分，我们将排在前20%的主承销商定义为高声誉主承销商（*Toptier_asset*）；根据主承销商的债券承销金额排名划分，我们将排在前20%的主承销商定义为高声誉主承销商（*Toptier_amount*）；根据主承销商的债券承销家数排名划分，我们将排在前20%的主承销商定义为高声誉主承销商（*Toptier_bond*）。② Carter 和 Manaster（1990）认为，高声誉的承销商具有信号作用。因而，我们预期由高声誉承销商承销的公司债券，其信用评级较高。

公司债券发行规模（*LogAmount*）：*LogAmount* 为公司债券发行金额的自然对数值。公司债券发行规模越大，说明上市公司融资能力越强。对于此类公司债券，评级机构一般会给予较高的信用评级。我们预期 *LogAmount* 的回归系数符号为正。

公司债券发行期限（*LogMaturity*）：*LogMaturity* 为公司债券发行期限（以年为单位）的自然对数值。通常认为，公司债券的发行期限越长，投资者需要承担的风险越高（Cai 等，2007；Liu 和 Magnan，2014）。因而，我们预期债券发行期限与债券信用评级负相关。

债券担保（*Collateral*）：虚拟变量，若债券发行有担保，则为1，否则为0。朱松（2013）、陈超和李镕伊（2014）发现，有担保的公司债券，违约风险较低；然而，Berger 和 Udell（1990），以及 Bharath 等（2011）的研究则认为，发

---

① 数据来源于中国证券业协会中的"行业数据－证券公司业绩排名"（网址：http://www.sac.net.cn/hysj/zqgsyjpm/）。

② 这里用到的主承销商排名数据是债券发行前一年证券业协会披露的承销商排名。这样可以确保投资者在对公司债券进行定价时，已经可以根据历史信息衡量债券主承销商的声誉和能力，并把这一因素引入到债券定价中来。

行人的违约风险越大，越有可能被要求提供担保。基于此，我们暂不对Collateral的回归系数符号进行预期。

债券回售条款（Put）：虚拟变量，若债券发行包含回售条款，则为1，否则为0。我们预期债券回售条款与债券信用评级正相关。

行业特征（Industry）：样本中涉及农、林、牧、渔业，采矿业，制造业等13个行业，而行业之间存在显著的差异，这些差异也可能会影响评级机构对债券风险的估计。因此，有必要在回归模型中控制行业因素的影响。我们在回归中引入12个虚拟变量，当样本属于某一行业时取值为1，否则为0。

年度特征（Year）：在不同的会计年度下，公司债券市场所面临的市场风险可能会有显著差异，这可能会影响债券的信用评级。为此，我们引入了一系列虚拟变量来控制年度特征。当公司债券在该年发行，则取值为1，否则为0。

表4-3为变量定义表。

表4-3 变量定义

变量类型	变量名称	变量符号	变量描述
因变量	债券信用评级	$Rate$	将公司债券信用评级分别赋值为，AAA=4，AA+=3，AA=2，AA-=1，数值越高表明评级越好
自变量	会计信息质量	AQ_dd	根据Dechow和Dichev（2002）计算得到。为了便于解释，在残差项的绝对值前乘以-1。AQ_dd越大，公司会计信息质量越好
		$AQ\_francis$	根据Francis、LaFond、Olsson和Schipper（2005）计算得到。为了便于解释，在残差项的绝对值前乘以-1。$AQ\_francis$越大，公司会计信息质量越好
		AQ_bs	根据Ball和Shivakumar（2006）计算得到。为了便于解释，在残差项的绝对值前乘以-1。AQ_bs越大，公司会计信息质量越好

续表 4-3

变量类型		变量名称	变量符号	变量描述
控制变量	债券特征	债券发行规模（单位：元）	Amount	公司债券发行金额
		债券发行规模	LogAmount	公司债券发行金额的自然对数
		债券发行期限（单位：年）	Maturity	公司债券发行期限
		债券发行期限	LogMaturity	公司债券发行期限的自然对数
		有无担保	Collateral	虚拟变量，若债券发行有担保，则为1，否则为0
		是否有回售条款	Put	虚拟变量，若债券发行包含回售条款，则为1，否则为0
	事务所特征	是否"四大"	Big4	虚拟变量，如果公司是由四大会计师事务所审计，则为1，否则为0
	主承销商特征	高声誉主承销商	Toptier	根据中国证券业协会排名，我们将排在前20%的主承销商定义为高声誉主承销商，并赋值为1，其他为0
			Toptier_asset	根据中国证券业协会对主承销商的总资产排名划分，我们将排在前20%的主承销商定义为高声誉主承销商，并赋值为1，其他为0
			Toptier_amount	根据中国证券业协会对主承销商的债券承销金额排名划分，我们将排在前20%的主承销商定义为高声誉主承销商，并赋值为1，其他为0
			Toptier_bond	根据中国证券业协会对主承销商的债券承销家数排名划分，我们将排在前20%的主承销商定义为高声誉主承销商，并赋值为1，其他为0
	公司特征	公司规模	Size	公司规模，年末总资产的自然对数
		资产负债率	Lev	负债总额/资产总额
		总资产收益率	ROA	净利润/总资产
		托宾Q	TobinQ	股票市值/资产重置价值
		营业收入增长率	Growth	本年营业收入/上一年营业收入

续表 4-3

变量类型		变量名称	变量符号	变量描述
控制变量	公司特征	公司破产风险	Z_score	$Z\_score = 0.012X_1 + 0.014X_2 + 0.033X_3 + 0.006X_4 + 0.999X_5$，$X_1$ = 营运资本/总资产；X_2 = 留存收益/总资产；X_3 = 息税前利润/总资产；X_4 = 普通股优先股市场价值总额（总市值）/总负债；X_5 = 营业收入/总资产
		公司属性	SOE	虚拟变量，若发债公司为国有控股（地方和中央控股），则为1，否则为0
	其他	年度	$Year$	年度哑变量，债券发行所在年度为1，其余为0
		行业	$Industry$	行业哑变量，根据证监会2012年行业分类标准划分

4.2.3 检验模型

本章主要检验发债公司的会计信息质量对于公司债券初始信用评级的影响。由于公司债券信用评级（$Rate$）是有序的被解释变量，因而我们采用排序逻辑模型（ordered logit model）来检验会计信息质量与初始信用评级之间的关系。① 由于单只公司债券在公司层面具有很大程度的同质性，可能导致误差项出现聚类问题，为得到更加稳健的结论，我们对标准误在公司层面上进行聚类调整。为了检验假设 H1，采取如下模型（4-4）：

$$Rate_{i,t} = \beta_0 + \beta_1 AQ_{i,t-1} + \beta_2 Size_{i,t-1} + \beta_3 Lev_{i,t-1} + \beta_4 ROA_{i,t-1} + \beta_5 TobinQ_{i,t-1} + \beta_6 Growth_{i,t-1} + \beta_7 Z\_score_{i,t-1} + \beta_8 SOE_i + \beta_9 Big4_{i,t-1} + \beta_{10} Toptier_{i,t-1} + \beta_{11} LogAmount_{i,t} + \beta_{12} LogMaturity_{i,t} + \beta_{13} Put_{i,t} + \beta_{14} Collateral_{i,t} + \beta_i Industry + \beta_y Year + \varepsilon_{i,t} \quad (4-4)$$

变量定义见表 4-3。若 AQ 前面系数 β_1 显著大于0，说明 AQ 越大的公司，即会计信息质量越好的公司，其发行的公司债券初始信用评级越高。

---

① 当信用评级作为因变量时，主流文献一般采用排序逻辑模型进行处理（Altman 和 Rijken，2004；朱松，2013；马榕和石晓军，2015）。在这里我们并没有直接使用 OLS 回归分析，是因为 OLS 回归分析估计通常将 AAA 级与 AA+级之间的区别等同于 AA 级与 AA-级之间的区别。

4.3 实证结果

4.3.1 描述性统计分析

表4-4列出了文中主要变量的描述性统计结果，A组是债券特征的统计值。其中，债券发行规模（Amount）为14亿元，发行期限（Maturity）为5.56年。Put的均值为0.64，说明64%的公司债券中含有回售条款。Collateral的均值为0.48，说明大约48%的公司债券为有担保债券。B组是公司特征变量的统计值。三个会计信息质量指标AQ_dd、$AQ\_francis$和AQ_bs的均值都为-0.07，标准差都为0.06，说明这三个指标在样本公司间存在较大差异。公司规模（Size）大约为23.25。Lev的均值为0.54，说明平均来看公司的总资产54%来自于负债。平均而言，公司的总资产收益率（ROA）为0.05，成长能力（TobinQ）为1.92，营业收入增长率（Growth）为0.26，意味着发行公司的盈利能力和成长能力普遍较好。公司的破产风险（Z_score）大约为68.88。此外，有59%的样本来自国有企业（SOE），12%的企业聘请四大会计师事务所（Big4）进行财务报告审计。C组是债券信用评级的分布情况。AA级信用评级最多，为45.12%，AA级及以上的信用评级占据样本的绝大多数，说明我国公司债券的信用等级良好，这与《公司债券发行试点办法》的规定要求是相一致的。

表4-4 描述性统计

变量	样本量（个）	均值	标准差	P25	中位数	P75
A组：债券特征变量						
Amount	543	1.400e+09	1.800e+09	5.000e+08	9.000e+08	1.500e+09
Maturity	543	5.560	1.800	5	5	7
Put	543	0.640	0.480	0	1	1
Collateral	543	0.480	0.500	0	0	1
B组：公司特征变量						
AQ_dd	543	-0.070	0.060	-0.100	-0.060	-0.020
$AQ\_francis$	543	-0.070	0.060	-0.090	-0.050	-0.020
AQ_bs	543	-0.070	0.060	-0.100	-0.050	-0.020

续表4-4

变量	样本量（个）	均值	标准差	P25	中位数	P75
$Size$	543	23.25	1.450	22.17	23.05	24.06
Lev	543	0.540	0.170	0.410	0.550	0.670
ROA	543	0.050	0.030	0.020	0.040	0.070
$TobinQ$	543	1.920	1.120	1.210	1.480	2.150
$Growth$	543	0.260	0.410	0.060	0.200	0.370
Z_score	543	68.88	50.45	31.28	58.66	89.16
SOE	543	0.590	0.490	0	1	1
$Big4$	543	0.120	0.320	0	0	0
$Toptier$	543	0.230	0.420	0	0	0
C组：信用评级分布						
信用评级 AAA	137	25.23%				
信用评级 AA+	152	28.00%				
信用评级 AA	245	45.12%				
信用评级 AA-	9	1.65%				

注：变量定义见表4-3。

4.3.2 相关性分析

表4-5为变量的Pearson相关系数表。不论是采用AQ_bs、$AQ\_francis$或AQ_bs作为会计信息质量指标，会计信息质量与公司债券信用评级（$Rate$）的相关系数均在1%水平上显著为正，该结果与假设H1a一致。由于相关性分析并没有控制其他因素的影响，而从相关系数表中发现，公司规模、债券规模、公司成长性以及承销商声誉、审计师声誉等因素均会影响公司债券信用评级。一般而言，公司规模（$Size$）、债券规模（$LogAmount$）越大，公司债券信用评级越高；公司成长性（$TobinQ$）与债券信用评级负相关；承销商（$Toptier$）和审计师（$Big4$）的声誉越高，债券信用评级也越高。此外，有担保的公司债券（$Collateral$）其信用评级也较高。综合以上结果，我们仍需要进行OLS回归分析来获得稳健的结论。

表 4-5 主要变量的 Pearson 相关系数

变量		VIF	1	2	3	4	5	6	7	8	9	10	11
Rate	1	2.37	1										
AQ_dd	2	1.09	0.16**	1									
AQ_francis	3	1.07	0.16**	0.87**	1								
AQ_bs	4	1.09	0.16**	0.99**	0.87**	1							
LogAmount	5	2.72	0.53**	0.09*	0.06	0.09*	1						
LogMaturity	6	1.26	0.11*	−0.04	−0.03	−0.03	0.20**	1					
Put	7	1.47	−0.40**	−0.04	0.01	−0.04	−0.27**	0.17**	1				
Collateral	8	1.31	0.29**	−0.07*	−0.10*	−0.07*	0.06	0.16**	−0.25**	1			
Big4	9	1.36	0.30**	0.08*	0.07	0.07*	0.32**	0.21**	−0.13**	0.01	1		
Toptier	10	1.10	0.17**	0.04	0.02	0.04	0.21**	0.05	−0.01	−0.05	0.08*	1	
Size	11	5.15	0.63**	0.18**	0.11*	0.17**	0.78**	0.17**	−0.37**	0.06	0.44**	0.22**	1
Lev	12	2.28	0.13**	0.11*	0.02	0.11*	0.32**	0.10*	−0.07	0.07	0.09*	0.04	0.50***

续表4-5

变量	VIF	1	2	3	4	5	6	7	8	9	10	11
13 ROA	2.00	0.05	-0.13**	-0.02	-0.13**	-0.03	0.02	-0.03	-0.01	0.04	-0.01	-0.19***
14 TobinQ	1.71	-0.18**	-0.11**	-0.03	-0.11**	-0.29**	-0.03	0.15**	-0.04	-0.14**	-0.06	-0.44***
15 Growth	1.09	-0.02	-0.08*	-0.14**	-0.08*	0.02	-0.02	-0.02	0.02	-0.05	0.05	-0.01
16 Z_score	1.09	0.04	0.08*	0.05	0.09*	0.01	-0.05	-0.04	0.08*	0.06	-0.03	-0.01
17 SOE	1.46	0.49**	0.06	0.06	0.06	0.26**	0.16**	-0.27**	0.26**	0.06	0.01	0.36***

变量	VIF	12	13	14	15	16
12 Lev	2.28	1				
13 ROA	2.00	-0.59**	1			
14 TobinQ	1.71	-0.46**	0.52**	1		
15 Growth	1.09	0.09*	0.09*	0.15**	1	
16 Z_score	1.09	-0.05	0.18**	0.16**	0.09*	1
17 SOE	1.46	0.17**	-0.03	-0.20**	-0.05	-0.01

注：***、** 和 * 分别代表在1%、5%和10%水平上显著。VIF（variance inflation factors）为方差膨胀因子。

此外，我们还计算了各变量的 VIF 值。从表 4-5 中可以看出，除了 Size 的 VIF 值为 5.15，所有变量的 VIF 值均在 5 以内，说明多重共线性问题在本章的实证模型中并不是特别严重。但是我们也不能忽视 Size 与 LogAmount 变量之间的相关系数高达 0.78，为了解决这个问题，我们在稳健性检验中没有考虑公司规模，只保留债券规模。此外，根据 Du 等（2015）的研究，我们还使用条件指数（condition index）来考察变量之间的多重共线性情况。未报告的结果表明，最大的条件指数也远远小于 10（Belsley, 1991），进一步表明我们的实证模型不存在严重的多重共线性问题。

进一步地，我们还按照 AQ_francis 从小到大将样本分为 5 组，每组中 Rate 的均值分布见图 4-1。为了避免重复，我们这里只报告了按照 AQ_francis 进行分组的公司债券初始信用评级的差异。但在稳健性中，我们也根据 AQ_dd 和 AQ_bs 进行了同样的处理，结果依然一致。从图 4-1 中可以看出，会计信息质量与债券信用评级总体呈正相关关系，随着公司会计信息质量的提高，债券初始信用评级逐渐上升，也同假设 H1a 的预期相符。此外，我们还发现会计信息质量较高的两组中（第四组和第五组），其初始信用评级几乎一致。

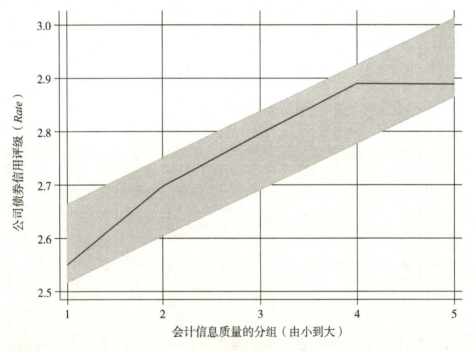

图 4-1　会计信息质量与公司债券初始信用评级

4.3.3 回归分析

为了检验假设 H1,我们在控制发行人与债券层面的因素后,使用不同的会计信息质量代理变量对债券信用评级进行回归。表4-6报告了实证检验结果:在第(1)列中,我们只控制了债券特征变量以及公司特征变量,并未加入会计信息质量的衡量指标。我们发现,规模较大($Size$)的公司,杠杆率(Lev)较低;成长性较高($TobinQ$)的公司以及破产风险较低(Z_score)的公司,债券信用评级较高。相比于非国企,国有企业(SOE)发行的公司债券其信用评级更高。$Big4$ 的系数显著为正,说明相较于非"四大",评级机构更认可被"四大"审计的公司。$Toptier$ 的系数显著为正,说明评级机构更认可由高声誉的主承销商所承销的公司债券。此外,是否具有担保($Collateral$)的系数为正,即有担保的公司债券,其信用评级更高。

在第(2)至第(4)列中,我们分别将公司的会计信息质量纳入回归模型中。在第(2)列,我们使用 AQ_dd 作为会计信息质量的代理变量;在第(3)列,我们使用 $AQ\_francis$ 作为会计信息质量的代理变量;在第(4)列,我们使用 AQ_bs 作为会计信息质量的代理变量。回归结果显示,AQ_dd、$AQ\_francis$ 以及 AQ_bs 的系数分别为4.683、4.057和4.717,且至少在10%水平上显著。这进一步支持了本章提出的研究假设 H1a,说明公司的会计信息质量与债券初始评级正相关,也说明评级机构在对公司债券进行评级时,能准确识别发行企业的盈余管理行为,对于会计信息质量较差的发行方,评级机构会给予较低的信用评级。

表4-6 会计信息质量与公司债券初始信用评级

变量	(1)	(2)	(3)	(4)
AQ_dd		4.683** (2.08)		
$AQ\_francis$			4.057* (1.72)	
AQ_bs				4.717** (2.13)
$Size$	1.954*** (8.33)	1.950*** (8.35)	1.952*** (8.34)	1.951*** (8.34)

续表 4-6

变量	(1)	(2)	(3)	(4)
Lev	-6.018***	-6.111***	-6.078***	-6.120***
	(-4.99)	(-4.94)	(-4.92)	(-4.95)
ROA	0.758	1.607	0.596	1.603
	(0.17)	(0.35)	(0.13)	(0.35)
$TobinQ$	0.463***	0.443***	0.444***	0.445***
	(3.11)	(2.96)	(2.94)	(2.98)
$Growth$	-0.044	0.041	0.062	0.043
	(-0.17)	(0.15)	(0.23)	(0.16)
Z_score	0.005*	0.004	0.005	0.004
	(1.76)	(1.47)	(1.54)	(1.45)
SOE	1.331***	1.334***	1.320***	1.332***
	(4.94)	(4.94)	(4.90)	(4.94)
$Big4$	0.853*	0.862*	0.837*	0.859*
	(1.68)	(1.65)	(1.65)	(1.66)
$Toptier$	0.574*	0.570*	0.581*	0.573*
	(1.80)	(1.78)	(1.82)	(1.79)
$LogAmount$	0.244	0.244	0.239	0.248
	(1.05)	(1.07)	(1.05)	(1.09)
$LogMaturity$	0.156	0.167	0.161	0.157
	(0.28)	(0.30)	(0.29)	(0.29)
Put	-0.531	-0.530	-0.538	-0.530
	(-1.54)	(-1.56)	(-1.58)	(-1.56)
$Collateral$	2.130***	2.184***	2.184***	2.189***
	(6.18)	(6.38)	(6.37)	(6.41)
Year	Yes	Yes	Yes	Yes
Industry	Yes	Yes	Yes	Yes
Observations	543	543	543	543
Pseudo R^2	0.459	0.464	0.463	0.464

注：被解释变量为公司债券初始信用评级 $Rate$。每个模型均控制年度虚拟变量和行业虚拟变量。t 值是经过 firm cluster 调整后计算得到。***、**、* 分别表示在1%、5%和10%的水平上显著。

4.3.4 处理内生性

与所有实证研究一样,我们的研究也无法完全排除内生性问题的影响。因此,我们在这一部分还使用了其他两种方法,进一步降低内生性对研究结论的干扰。

4.3.4.1 两阶段处理效应检验

公司是否拥有高质量的会计信息还可能受到诸如公司属性(如规模、所在行业)及董事会结构(如董事会规模、独立董事人数)等因素的影响,且这些因素又可能影响债券的信用评级。如此,发债公司是否具有较高的会计信息质量本身就存在内生性问题。我们借鉴 Gong 等(2017)的做法,采用处理效应模型来控制内生性。处理效应模型的第一阶段是分析哪些因素会影响公司是否拥有较高的会计信息质量,并估算出逆米尔斯比(inverse mills ratio,IMR);而处理效应模型的第二阶段则主要考察在控制样本选择性偏差后,高质量的会计信息质量是否仍然能够显著提高债券的初始信用评级。

我们按照 AQ 是否大于年度行业中位数,将样本分为高会计信息质量组和低会计信息质量组。处理效应模型的第一阶段是 Probit 回归,因变量是虚拟变量,若公司属于高会计信息质量组,则为1,否则为0。我们在回归模型中加入了公司规模($Size$)、资产负债率(Lev)、盈利能力(ROA)、成长能力($TobinQ$、$Growth$)、破产风险(Z_score)、是否由四大审计($Big4$)以及公司的产权性质(SOE)。此外,我们还控制了董事会规模($Boardsize$,董事会人数取对数)、独立董事比例($Indepratio$,董事会中独立董事的比例),以及董事长和总经理是否两职合一($Dual$,虚拟变量,若董事长与总经理两职合一,则为1,否则为0)这一系列公司治理变量。一般而言,董事会规模越大,独立董事在董事会中所占比例越高,以及董事长和总经理两职分离,意味着企业内部监督机制越强,公司治理水平越好。公司治理越好,公司与外部投资者之间的信息不对称水平较低,其会计信息质量也往往越高。最后,模型中还加入了行业和年度虚拟变量。第一阶段回归模型如下:

$$High\_AQ_{i,t} = \beta_0 + \beta_1 Size_{i,t} + \beta_2 Lev_{i,t} + \beta_3 ROA_{i,t} + \beta_4 TobinQ_{i,t} + \beta_5 Growth_{i,t} + \beta_6 Z\_score_{i,t} + \beta_7 Big4_{i,t} + \beta_8 SOE_i + \beta_9 Boardsize_{i,t} + \beta_{10} Indepratio_{i,t} + \beta_{11} Dual_{i,t} + \beta_i Industry + \beta_y Year + \varepsilon_{i,t}$$

(4-5)

处理效应模型的第二阶段是排序逻辑模型(ordered logit model)回归,因变量是债券初始信用评级（Rate）。High_AQ 是我们关注的变量。我们除了控制公司规模（Size）、资产负债率（Lev）、盈利能力（ROA）、成长能力（TobinQ、Growth）、破产风险（Z_score）、是否由"四大"审计（Big4）、产权性质（SOE）外，还进一步控制了逆米尔斯比（IMR）、承销商声誉（Toptier）以及债券特征变量，包括债券发行规模（LogAmount）、债券期限（LogMaturity）、是否包含回售条款（Put）、是否有担保（Collateral）等变量。最后，我们同样控制了行业变量和年度变量。我们用模型（4-6）来检验假设 H1，即公司高质量的会计信息对于债券初始信用评级的影响。

$$\begin{aligned}Rate_{i,t} =\ & \beta_0 + \beta_1 High\_AQ_{i,t-1} + \beta_2 Size_{i,t-1} + \beta_3 Lev_{i,t-1} + \beta_4 ROA_{i,t-1} + \\ & \beta_5 TobinQ_{i,t-1} + \beta_6 Growth_{i,t-1} + \beta_7 Z\_score_{i,t-1} + \beta_8 Big4_{i,t-1} + \\ & \beta_9 Toptier_{i,t} + \beta_{10} SOE_i + \beta_{11} LogAmount_{i,t} + \beta_{12} LogMaturity_{i,t} + \\ & \beta_{13} Put_{i,t} + \beta_{14} Collateral_{i,t} + \beta_{15} IMR + \beta_i Industry + \beta_y Year + \varepsilon_{i,t}\end{aligned}$$

(4-6)

表 4-7 为处理效应模型的回归结果。从第一阶段的回归结果可以看出，公司规模（Size）越大，公司更有可能拥有高质量的会计信息。公司的成长性（Growth）与 High_AQ 之间的关系为负，且在 5% 水平上显著，说明公司的成长性越好时，越不可能拥有高质量的会计信息。第二阶段的回归结果显示，在处理效应模型控制了选择偏差带来的影响后，发行人的会计信息质量对债券初始信用评级仍然具有显著影响（coefficient = 0.423；t = 1.70），说明选择偏差对本章的主要结论影响有限。此外，我们还进一步考察了逆米尔斯比（IMR）的系数，发现该系数在统计意义上并不显著，说明样本选择偏差问题在本章中并不是很严重。

表 4-7 处理效应模型回归结果

变量	第一阶段 High_AQ	第二阶段 Rate
High_AQ		0.423 * (1.70)
Size	0.124** (2.16)	1.953*** (5.86)
Lev	-0.485 (-0.54)	-5.877*** (-3.63)

续表 4-7

变量	第一阶段 High_AQ	第二阶段 Rate
ROA	-0.294 (-0.10)	3.506 (0.76)
TobinQ	-0.004 (-0.05)	0.409*** (2.76)
Growth	-0.249** (-2.02)	0.099 (0.18)
Z_score	0.002 (1.33)	0.004 (0.74)
SOE	-0.141 (-1.05)	1.411*** (3.17)
Big4	-0.161 (-0.41)	0.876 (1.41)
Boardsize	-0.451 (-0.92)	
Indepratio	-0.357 (-0.39)	
Dual	-0.019 (-0.07)	
IMR		-0.348 (-0.12)
Toptier		0.569* (1.73)
LogAmount		0.225 (0.96)
LogMaturity		0.055 (0.10)
Put		-0.555* (-1.65)

续表 4-7

变量	第一阶段 High_AQ	第二阶段 Rate
Collateral		2.212*** (6.23)
Year	Yes	Yes
Industry	Yes	Yes
Observations	543	543

注：第一阶段被解释变量为 High_AQ，若公司属于高会计信息质量组，则为1，否则为0；第二阶段被解释变量为债券初始信用评级 Rate。每个模型均控制年度虚拟变量和行业虚拟变量。***、**、* 分别表示在1%、5%和10%的水平上显著。

4.3.4.2 进一步控制其他因素的影响

为缓解遗漏变量导致的内生性问题，我们还控制了董事会规模、独立董事比例，以及董事长和总经理是否两职合一等公司治理变量。董事会规模越大，独立董事在董事会中所占比例越高，以及董事长和总经理两职分离，意味着企业内部监督机制越强，公司治理水平越好。公司治理越好的企业，其与评级机构之间的信息不对称水平较低，越有利于评级机构对于其真实价值的判断，因而该公司发行的公司债券信用评级较高。但是在表4-8中，我们并没有发现公司治理质量（*Boardsize*、*Indepratio*、*Dual*）与公司债券信用评级之间存在显著的相关关系，但是在控制了公司治理变量之后，*AQ_francis* 的系数仍然在10%水平上显著为正。这说明本章研究结论并非遗漏公司治理变量导致。为了避免重复，我们这里只报告了 *AQ_francis* 的系数。但在稳健性中，我们也根据 *AQ_dd* 和 *AQ_bs* 进行了同样的处理，结果依然一致。

考虑到评级机构对债券进行评级时也会考虑发债公司的市场波动率，借鉴 Ge 和 Kim（2014）的方法，我们使用债券发行前一年日股票收益率的标准差来衡量公司股价的市场波动率，这里我们用 *Volatility* 来表示。一般而言，公司股价的波动率越高，公司风险越大，公司债券初始信用评级越低。为控制该因素对研究结论的影响，我们在模型中加入了 *Volatility* 变量。结果显示，在控制了发债公司的市场波动率后，*AQ_francis* 的系数仍然显著为正。这说明我们的研究结论也不受市场波动率这一因素的影响。此外，Gong 等（2016）发现，发债公司的社会责任信息披露会对公司债券的信用评级产生正向影响，即企业社会责任信息披露越完善，公司债券的信用评级越高。为控制该因素对研究结论的影响,我们在模型中加入了 CSR 变量,该数据来自于润灵环球数据库。结果显示,CSR 变量与公司债券信用评级之间存在显著的相关关系,但是在控制了 CSR 变量之后,AQ_francis 的系数仍然在 10% 水平上显著为正。考虑到评级机构在对公司债券进行评级时,也会将当地的制度环境因素考虑进去,这里我们使用常用的市场化指数(Market)作为制度环境的代理变量。Market 越大,说明区域的市场化环境越好。在控制了 Market 变量后,AQ_francis 的系数依然显著为正。这说明进一步控制其他因素的影响后,本章的研究结论依然成立。

表 4-8 进一步控制其他因素的影响

变量	(1)	(2)	(3)	(4)
AQ_francis	4.133*	4.802**	4.522*	4.213*
	(1.76)	(2.13)	(1.79)	(1.81)
Boardsize	-0.058			
	(-0.07)			
Indepratio	-2.302			
	(-0.64)			
Dual	-0.233			
	(-0.64)			
Volatility		-0.045		
		(-0.89)		
CSR			0.008***	
			(3.12)	
Market				0.001
				(1.32)
Size	1.996***	1.958***	2.001***	1.918***
	(8.08)	(8.31)	(8.04)	(8.12)
Lev	-6.177***	-6.122***	-6.187***	-6.153***
	(-4.47)	(-4.89)	(-4.45)	(-4.42)
ROA	3.209	2.643	3.848	2.685
	(0.68)	(0.57)	(0.81)	(0.63)
TobinQ	0.440***	0.472***	0.458***	0.470***
	(2.83)	(3.04)	(2.91)	(2.73)

续表4-8

变量	(1)	(2)	(3)	(4)
$Growth$	0.073	0.080	0.098	0.082
	(0.27)	(0.29)	(0.35)	(0.34)
Z_score	0.004	0.004	0.004	0.004
	(1.37)	(1.44)	(1.35)	(1.37)
SOE	1.315***	1.304***	1.297***	1.301***
	(4.61)	(4.84)	(4.55)	(4.63)
$Big4$	0.838	0.919*	0.875*	0.862*
	(1.57)	(1.81)	(1.69)	(1.75)
$Toptier$	0.591*	0.561*	0.585*	0.583*
	(1.79)	(1.76)	(1.78)	(1.78)
$LogAmount$	0.234	0.258	0.243	0.246
	(0.98)	(1.12)	(1.00)	(1.06)
$LogMaturity$	0.127	0.173	0.137	0.156
	(0.21)	(0.31)	(0.23)	(0.22)
Put	-0.532	-0.527	-0.531	-0.524
	(-1.55)	(-1.54)	(-1.54)	(-1.53)
$Collateral$	2.268***	2.198***	2.277***	2.143***
	(6.30)	(6.36)	(6.28)	(6.25)
$Year$	Yes	Yes	Yes	Yes
$Industry$	Yes	Yes	Yes	Yes
Observations	534	543	342	543
Pseudo R^2	0.474	0.465	0.475	0.492

注：被解释变量为公司债券初始信用评级 $Rate$。每个模型均控制年度虚拟变量和行业虚拟变量。t 值是经过 firm cluster 调整后计算得到。***、**、*分别表示在1%、5%和10%的水平上显著。

4.4 进一步研究

在前面部分，我们得出会计信息质量能提高债券信用评级这一结论，并从多个角度进行了内生性检验。下面，我们分别从公司的产权性质和审计师声誉角度出发,对上述结果分情景进行分析,以便我们进一步理解会计信息质量在债券评级时所发挥的作用。

4.4.1 产权性质

我们首先考虑公司产权性质对本研究结论的影响。由于国有企业的信息不对称程度较为严重,外部市场参与者,包括评级机构都很难充分了解其内部真实的运营情况。在这种情况下,如果国有企业能主动提高其会计信息质量,那么评级机构很有可能会给予其发行的公司债券较高的信用评级。因而我们预期会计信息质量与债券信用评级之间的正向关系在国有企业中更为显著。为了验证产权性质在本研究中的作用,我们采用了分样本检验的方法,分别对国有企业(SOE)和非国有企业($NSOE$)这两组样本进行回归分析。表4-9表明,在国有企业样本中,无论使用AQ_dd、$AQ\_francis$,还是AQ_bs作为会计信息质量指标,企业的会计信息质量与公司债券初始信用评级至少在10%水平上显著正相关。但是,在非国有企业样本中,我们并未发现会计信息质量与债券初始信用评级有显著相关关系。此外,我们还使用Chow test来检验回归系数在这两组样本中是否有差异。检验结果表明,两组样本中会计信息质量对债券初始信用评级的影响存在显著差异。综上,会计信息质量与公司债券初始信用评级的正相关关系在国有企业中更为显著。

表4-9 不同产权性质下会计信息质量与债券信用评级的分样本检验结果

变量	国有企业			非国有企业		
	(1)	(2)	(3)	(4)	(5)	(6)
AQ_dd	8.033*			2.092		
	(2.45)			(0.65)		
$AQ\_francis$		5.600*			3.667	
		(1.73)			(1.05)	
AQ_bs			7.982*			2.102
			(2.48)			(0.66)
$Size$	2.048**	2.063**	2.049**	1.927**	1.925**	1.927***
	(7.60)	(7.63)	(7.58)	(4.02)	(4.07)	(4.03)
Lev	-8.147**	-7.981**	-8.129**	-4.550*	-4.583*	-4.561**
	(-4.22)	(-4.28)	(-4.22)	(-2.42)	(-2.44)	(-2.43)

续表 4-9

变量	国有企业			非国有企业		
	(1)	(2)	(3)	(4)	(5)	(6)
ROA	-6.696	-8.045	-6.781	13.063*	12.722	13.117*
	(-1.05)	(-1.27)	(-1.07)	(1.65)	(1.62)	(1.65)
TobinQ	0.355	0.366	0.362	0.536*	0.517*	0.536**
	(1.56)	(1.57)	(1.60)	(2.34)	(2.25)	(2.34)
Growth	0.433	0.472	0.431	-0.232	-0.242	-0.232
	(1.25)	(1.31)	(1.24)	(-0.61)	(-0.65)	(-0.61)
Z_score	0.004	0.005	0.004	0.003	0.003	0.003
	(1.02)	(1.15)	(1.00)	(0.76)	(0.77)	(0.75)
Big4	0.947	0.820	0.939	1.041	1.025	1.040
	(1.37)	(1.21)	(1.37)	(1.28)	(1.29)	(1.28)
Toptier	0.706*	0.719*	0.718*	0.688	0.681	0.689
	(1.70)	(1.70)	(1.73)	(1.15)	(1.12)	(1.15)
LogAmount	0.237	0.239	0.247	0.152	0.180	0.154
	(0.91)	(0.90)	(0.94)	(0.41)	(0.47)	(0.41)
LogMaturity	0.004	0.014	-0.025	0.398	0.375	0.400
	(0.01)	(0.02)	(-0.04)	(0.41)	(0.38)	(0.42)
Put	-0.296	-0.283	-0.296	-1.296*	-1.299*	-1.298**
	(-0.75)	(-0.72)	(-0.75)	(-2.03)	(-2.04)	(-2.03)
Collateral	2.095**	2.086**	2.100**	2.491**	2.561**	2.494***
	(4.69)	(4.71)	(4.73)	(4.60)	(4.72)	(4.61)
Year	Yes	Yes	Yes	Yes	Yes	Yes
Industry	Yes	Yes	Yes	Yes	Yes	Yes
Observations	321	321	321	222	222	222
Pseudo R^2	0.466	0.459	0.466	0.376	0.379	0.376

注：被解释变量为公司债券初始信用评级 Rate。每个模型均控制年度虚拟变量和行业虚拟变量。t 值是经过 firm cluster 调整后计算得到。***、**、* 分别表示在1%、5%和10%的水平上显著。

4.4.2 审计师声誉

接下来，我们考察审计师声誉对本章结论的影响。我们认为，在审计师声誉较低组中，评级机构并不会完全认可由其审计的有关发债公司的信息，在这种情况下，如果发债公司主动地对外披露相关信息或提高公司的信息质量，则能在很大程度上降低评级机构与公司之间的信息不对称。因而，我们预期会计信息质量对于债券信用评级的影响应该在审计师声誉较低时更为显著。为了验证这一预期，我们采用了分样本检验的方法，分别对审计师声誉较低组和审计师声誉较高组这两组样本进行回归。我们根据是否由"四大"审计来对审计师声誉进行区分，如果发债公司的审计机构为"四大"，那么我们将其定义为审计师声誉较高组，其余为审计师声誉较低组。分组回归结果见表4-10。可以看出，会计信息质量与债券信用评级的正向关系只在审计师声誉较低组中显著[见第（1）至第（3）列]。此外，我们还对会计信息质量的回归系数进行了Chow检验。结果表明，两组样本中会计信息质量对债券信用评级的影响存在显著差异。

表4-10 不同审计师声誉下的会计信息质量与债券信用评级的分样本检验结果

变量	审计师声誉较低组			审计师声誉较高组		
	(1)	(2)	(3)	(4)	(5)	(6)
AQ_dd	5.257*			-5.864		
	(2.30)			(-0.47)		
$AQ\_francis$		4.266*			-9.031	
		(1.84)			(-0.68)	
AQ_bs			5.171*			-6.278
			(2.31)			(-0.49)
$Size$	1.900**	1.896**	1.901**	6.619	6.615	6.621
	(7.78)	(7.76)	(7.77)	(1.46)	(1.51)	(1.46)
Lev	-5.660**	-5.609**	-5.667**	-31.389	-30.886	-31.357
	(-4.58)	(-4.57)	(-4.60)	(-1.55)	(-1.53)	(-1.55)
ROA	2.567	1.497	2.520	-65.805	-56.370	-65.679
	(0.56)	(0.32)	(0.55)	(-1.44)	(-1.45)	(-1.44)
$TobinQ$	0.430**	0.431**	0.432**	1.584*	1.408	1.578*
	(2.84)	(2.81)	(2.86)	(1.66)	(1.61)	(1.67)

续表 4-10

变量	审计师声誉较低组			审计师声誉较高组		
	(1)	(2)	(3)	(4)	(5)	(6)
Growth	0.060	0.072	0.058	-1.093	-1.541	-1.119
	(0.21)	(0.26)	(0.21)	(-0.68)	(-0.95)	(-0.68)
Z_score	0.003	0.004	0.003	0.082**	0.082**	0.082***
	(1.15)	(1.28)	(1.14)	(3.85)	(3.70)	(3.82)
SOE	1.275**	1.264**	1.274**	1.150**	1.158**	1.154***
	(4.54)	(4.50)	(4.55)	(4.21)	(4.23)	(4.22)
Toptier	0.648*	0.652*	0.650*	0.111	-0.103	0.118
	(2.08)	(2.08)	(2.08)	(0.09)	(-0.09)	(0.09)
LogAmount	0.255	0.249	0.259	0.784	0.578	0.781
	(1.07)	(1.03)	(1.08)	(0.37)	(0.27)	(0.38)
LogMaturity	0.401	0.391	0.391	-5.850**	-6.004**	-5.877***
	(0.71)	(0.69)	(0.69)	(-2.82)	(-2.87)	(-2.79)
Put	-0.600*	-0.610*	-0.602*	2.304	2.349	2.311
	(-1.69)	(-1.72)	(-1.69)	(0.96)	(1.16)	(0.97)
Collateral	2.252**	2.243**	2.257**	4.524*	4.782*	4.542**
	(6.65)	(6.64)	(6.69)	(2.51)	(2.50)	(2.47)
Year	Yes	Yes	Yes	Yes	Yes	Yes
Industry	Yes	Yes	Yes	Yes	Yes	Yes
Observations	481	481	481	62	62	62
Pseudo R^2	0.434	0.432	0.434	0.758	0.759	0.758

注：被解释变量为公司债券初始信用评级 Rate。每个模型均控制年度虚拟变量和行业虚拟变量。t 值是经过 firm cluster 调整后计算得到。***、**、* 分别表示在 1%、5% 和 10% 的水平上显著。

4.5 稳健性检验

4.5.1 更换控制变量的度量方式

在主回归中，与债券相关的变量都为债券发行时的数据，但考虑到年度财务报告披露的滞后性，本章用到的财务数据均为债券发行时披露的前一年的财务数据。Becker 和 Milbourn（2011）、Caton 等（2011）以及马榕和石晓军（2015）指出，相较于滞后期值，控制变量的当期值更能反映债券发行人当时的信用状况。尽管在债券评级时公司当年的财务数据可能还未对外公布，但马榕和石晓军（2015）指出，相对于外部投资者，评级机构更有可能获得私有信息，进而更准确地评估发债公司当年的经营情况。因而，在稳健性检验中，我们采用控制变量（这里指财务数据）的当期值进行回归分析。回归结果见表4-11。可以发现，本章的主要结论并没有发生变化，会计信息质量与公司债券初始信用评级仍在5%水平上显著正相关。

表4-11　更换控制变量的度量方式

变量	(1)	(2)	(3)
AQ_dd	4.605**		
	(2.30)		
AQ_francis		4.222**	
		(2.03)	
AQ_bs			4.560**
			(2.31)
Size	1.807***	1.815***	1.804***
	(7.62)	(7.61)	(7.61)
Lev	-6.230***	-6.177***	-6.208***
	(-4.28)	(-4.24)	(-4.28)
ROA	1.210	0.316	1.264
	(0.27)	(0.07)	(0.29)
TobinQ	0.478***	0.484***	0.479***
	(2.72)	(2.73)	(2.73)
Growth	-0.509	-0.505	-0.508
	(-0.99)	(-1.00)	(-0.99)
Z_score	0.005	0.005	0.005
	(1.49)	(1.52)	(1.48)

续表 4-11

变量	(1)	(2)	(3)
SOE	1.354***	1.330***	1.353***
	(5.05)	(4.96)	(5.05)
Big4	0.801	0.776	0.799
	(1.63)	(1.60)	(1.63)
Toptier	0.651**	0.662**	0.654**
	(2.04)	(2.08)	(2.05)
LogAmount	0.378	0.368	0.384
	(1.60)	(1.56)	(1.62)
LogMaturity	0.314	0.299	0.304
	(0.58)	(0.55)	(0.56)
Put	-0.596*	-0.605*	-0.595*
	(-1.80)	(-1.82)	(-1.80)
Collateral	2.082***	2.090***	2.085***
	(6.46)	(6.46)	(6.49)
Year	Yes	Yes	Yes
Industry	Yes	Yes	Yes
Observations	535	535	535
Pseudo R^2	0.457	0.456	0.457

注：被解释变量为公司债券初始信用评级 Rate。每个模型均控制年度虚拟变量和行业虚拟变量。t 值是经过 firm cluster 调整后计算得到。***、**、* 分别表示在 1%、5% 和 10% 的水平上显著。

4.5.2 进一步控制债券的发行目的

我国公司债券的发行目的大体分为六类：①项目建设、工程建设；②偿还银行贷款；③补充流动资金或补充营运资金；④购建装备；⑤收购兼并；⑥特殊情况。考虑到募集资金的用途不同可能会对公司债券的信用评级产生影响，因而我们使用一系列的虚拟变量来控制债券募集资金的用途（Purpose），结果显示原有结论并不发生改变［见表 4-12 的第（1）至第（3）列］。这说明本研究的结果并不是因为遗漏债券发行目的这一变量所导致。

表 4-12 其他稳健性测试

变量	控制债券用途			减小规模变量			bootstrap 方法			控制评级机构		
	(1)	(2)	(3)	(4)	(5)	(6)	(7)	(8)	(9)	(10)	(11)	(12)
AQ_dd	4.74*			4.89*			0.87*			4.51*		
	(2.06)			(2.12)			(2.11)			(1.74)		
$AQ\_francis$		4.31*			4.09*			0.88*			2.65	
		(1.81)			(1.74)			(1.90)			(1.54)	
AQ_bs			4.67*			4.91*			0.88*			4.50*
			(2.07)			(2.15)			(1.97)			(1.76)
$Size$	1.93**	1.93**	1.93**				0.29**	0.29**	0.29**	1.97**	1.96**	1.97***
	(7.98)	(7.97)	(7.97)				(7.18)	(7.07)	(7.23)	(6.87)	(6.83)	(6.87)
Lev	-6.14**	-6.11**	-6.15**	-0.97	-0.94	-0.97	-0.78**	-0.80**	-0.79**	-7.38**	-7.29**	-7.39***
	(-4.77)	(-4.75)	(-4.78)	(-0.90)	(-0.87)	(-0.91)	(-3.62)	(-3.49)	(-3.51)	(-5.17)	(-5.16)	(-5.17)
ROA	0.19	-0.82	0.18	6.15	5.13	6.13	0.95	0.76	0.94	-1.65	-2.48	-1.63
	(0.04)	(-0.18)	(0.04)	(1.28)	(1.08)	(1.28)	(1.07)	(0.89)	(1.02)	(-0.27)	(-0.41)	(-0.27)
$TobinQ$	0.47**	0.47**	0.47**	0.14	0.14	0.14	0.10**	0.10**	0.10**	0.54**	0.55**	0.54**
	(3.00)	(2.98)	(3.02)	(1.03)	(1.03)	(1.04)	(3.13)	(3.49)	(3.31)	(2.81)	(2.85)	(2.81)
$Growth$	-0.03	-0.01	-0.03	-0.02	-0.02	-0.02	-0.01	-0.01	-0.02	0.06	0.04	0.06
	(-0.11)	(-0.03)	(-0.11)	(-0.08)	(-0.04)	(-0.08)	(-0.30)	(-0.14)	(-0.29)	(0.18)	(0.12)	(0.19)
Z_score	0.01	0.01	0.01	0.00	0.00	0.01	0.00	0.01	0.00	0.01	0.01	0.01
	(1.58)	(1.64)	(1.58)	(0.56)	(0.67)	(0.54)	(0.31)	(0.41)	(0.31)	(1.15)	(1.28)	(1.14)
SOE	1.35**	1.33**	1.34**	1.63**	1.61**	1.63**	0.37**	0.37**	0.37**	1.46**	1.45**	1.46***
	(4.96)	(4.92)	(4.96)	(6.22)	(6.23)	(6.22)	(6.45)	(5.88)	(6.72)	(4.51)	(4.49)	(4.51)

续表 4-12

变量	控制债券用途			减小规模变量			bootstrap 方法			控制评级机构		
	(1)	(2)	(3)	(4)	(5)	(6)	(7)	(8)	(9)	(10)	(11)	(12)
Big4	0.99*	0.97*	0.99*	1.59**	1.58**	1.59**	0.06	0.06	0.06	1.11*	1.09*	1.11*
	(2.04)	(2.05)	(2.04)	(3.27)	(3.33)	(3.29)	(0.61)	(0.61)	(0.63)	(1.85)	(1.87)	(1.85)
Toptier	0.57*	0.58*	0.57*	0.82**	0.83**	0.82**	0.10	0.10*	0.10	0.40	0.43	0.41
	(1.74)	(1.78)	(1.75)	(2.71)	(2.76)	(2.72)	(1.64)	(1.69)	(1.64)	(1.04)	(1.11)	(1.06)
LogAmount	0.30	0.29	0.30	1.62**	1.62**	1.63**	0.14**	0.13**	0.14**	0.33	0.34	0.33
	(1.25)	(1.24)	(1.27)	(8.19)	(8.18)	(8.24)	(2.84)	(2.54)	(2.61)	(1.15)	(1.18)	(1.15)
LogMaturity	0.41	0.41	0.40	0.42	0.40	0.41	−0.06	−0.06	−0.07	1.15	1.10	1.14
	(0.76)	(0.75)	(0.74)	(0.82)	(0.79)	(0.80)	(−0.70)	(−0.65)	(−0.64)	(1.42)	(1.38)	(1.41)
Put	−0.68*	−0.69*	−0.68*	−1.22**	−1.24**	−1.22**	−0.12*	−0.13*	−0.12*	−0.89**	−0.88**	−0.89**
	(−2.05)	(−2.08)	(−2.05)	(−4.09)	(−4.17)	(−4.09)	(−1.91)	(−1.91)	(−1.77)	(−2.27)	(−2.23)	(−2.27)
Collateral	2.23**	2.24**	2.23**	1.70**	1.71**	1.71**	0.41**	0.41**	0.41**	2.50**	2.48**	2.50***
	(6.39)	(6.40)	(6.42)	(5.58)	(5.60)	(5.61)	(7.73)	(6.96)	(6.55)	(6.05)	(5.96)	(6.08)
Purpose	Yes	Yes	Yes	No	No	No	No	No	No	No	No	No
Rating Agency	No	No	No	No	No	No	No	No	No	Yes	Yes	Yes
Year	Yes	Yes	Yes	Yes	Yes	Yes	Yes	Yes	Yes	Yes	Yes	Yes
Industry	Yes	Yes	Yes	Yes	Yes	Yes	Yes	Yes	Yes	Yes	Yes	Yes
Observations	543	543	543	543	543	543	543	543	543	543	543	543
Pseudo R^2	0.479	0.478	0.479	0.389	0.387	0.389	0.436	0.435	0.436	0.499	0.497	0.499

注：被解释变量为公司债券初始信用评级 $Rate$。每个模型均控制年度虚拟变量和行业虚拟变量。t 值是经过 firm cluster 调整后计算得到。***、**、* 分别表示在 1%、5% 和 10% 的水平上显著。

4.5.3 对公司规模的考虑

根据表 4-5 的 Pearson 相关系数，我们知道公司规模（Size）与债券规模（LogAmount）的相关系数高达 0.78，且在 1% 显著性水平上显著相关。为了解决这个问题，我们在稳健性检验中没有考虑公司规模，只保留债券规模，回归结果见表 4-12 中的第（4）至第（6）列。结果发现会计信息质量与债券信用评级至少在 10% 水平上显著正相关。

4.5.4 使用 bootstrap 方法

此外，我们还采用 bootstrap 方法来计算标准误并对样本重新进行回归，迭代次数为 500 次。回归结果见表 4-12 中第（7）至第（9）列。我们发现，无论是使用哪个指标，会计信息质量与债券初始信用评级之间的关系至少在 10% 水平上显著为正。说明采用 bootstrap 方法后，回归结果仍然与前文的研究结论一致。

4.5.5 进一步控制债券评级机构

与马榕和石晓军（2015）的结果一致，考虑到中国债券评级市场的特殊环境，我们使用一系列的虚拟变量来控制不同的评级机构（Rating Agency）。回归结果见表 4-12 中第（10）至第（12）列。我们发现，AQ_dd 和 AQ_bs 的回归系数均在 10% 水平上显著为正，而 $AQ\_francis$ 的回归系数也为正且接近显著。说明控制债券评级机构后，回归结果仍然支持前文的研究结论。

4.6 本章小结

随着公司债券市场的发展，信用评级作为投资者识别发债主体的偿债能力与违约风险的重要指标，正受到越来越多的关注。本章就会计信息在公司债券初始信用评级中的作用进行了初步探讨。本章选取了 2007—2015 年在沪、深证券交易所公开发行的公司债券作为我们的初始研究样本，基于应计项目操控模型，研究了发债公司的会计信息质量对于公司债券信用评级的影响。

研究表明，会计信息质量越高的公司，其发行的公司债券信用评级越高。这一结果表明信用评级机构除了关注传统的会计数据外（如公司规模、杠杆率、盈利能力和成长能力），也开始关注公司的会计信息质量并能准确识别发行人的盈余管理行为，对于会计信息质量较差的发行人，评级机构会给予较低的信用评级。针对本研究的内生性问题，我们使用两阶段处理效应模型以及加入额外控制变量来缓解。在控制了可能存在的内生性后，该结论依然成立。此外，我们还将样本划分为国有企业和非国有企业，但会计信息质量与债券信用评级之间的正相关关系只在国有企业中成立。针对审计师声誉的差别，我们通过分组回归，发现只有在审计师声誉较低组中，会计信息质量的改善才能显著提高公司债券的初始信用评级。

  本章的研究具有重要的理论贡献和现实意义。在理论上，本章从公司债券信用评级这一角度讨论了会计信息质量在降低债券发行人和评级机构之间信息不对称的重要作用，丰富了会计信息质量经济后果方面的文献。在现实意义上，本章的研究表明，目前国内评级机构在评级时会关注公司的会计信息质量并且也能够识别发债公司的盈余管理行为。因此，规范债券发行人的信息披露政策，确保其信息的真实性和全面性是监管机构需要关注的重点。良好的信息披露制度有利于投资者和包括信用评级机构在内的金融中介更好地对公司债券进行定价，推进公司债券市场整体效率的提升。

第 5 章
会计信息质量与公司债券一级市场定价：融资成本

本章主要研究发债公司的会计信息质量对公司债券一级市场定价的影响。具体而言，我们研究会计信息质量对公司债券融资成本的影响，即讨论投资者是否关注公司的会计信息质量以及在哪种条件下更为重视。本章首先分析会计信息质量与债券融资成本关系的理论基础，并提出相应假设；在第二部分对研究样本、相关变量和实证研究模型等进行说明；并在第三部分详细探讨本章的实证结果；同时，在第四部分进行进一步研究；此外，我们还在第五部分进行了稳健性检验；最后，在第六部分进行本章小结。

5.1 理论分析与研究假设

作为资金的提供方，债券投资者主要关注发债公司能否定期地支付利息以及到期偿还本金，而这一切都依赖于公司的盈利能力和未来现金流。因而，作为理性的投资人，债券投资者在购买公司债券前会全面衡量该发债公司的违约风险，估计公司资产的市场价值和清算价值，甚至会去关注管理层的个人特征和能力，并以此来评估公司未来的发展潜力与风险（Chen 等，2016；Gong 等，2016）。正如杨大楷和王鹏（2014）所论述的，违约风险是影响公司债券融资成本的最重要因素。Fischer 和 Verrecchia（1997）、Khurana 和 Raman（2003）指出，债券投资者主要根据发债方提供的会计信息来对公司债券进行定价。这里就会存在一个问题，投资者能否从公司提供的财务报表中准确预测出公司的盈利能力和未来现金流水平？即公司提供的财务信息是否具有价值？

Healy 和 Wahlen（1999）强调在某些特定情况下，管理层会通过操纵应计项目来有意误导外部投资者对于公司真实财务状况的估计。尤其是在融资过程中，为了降低融资成本，管理层更有动机来进行盈余管理。Graham 等（2005）、

Bhojraj 和 Swaminathan（2009）以及 Cohen 和 Zarowin（2010）在他们的研究中都得到了类似的结论。Rangan（1998）发现，在股权再融资（seasoned equity offering，SEO）前，公司倾向于提高应计利润来有意误导投资者；而 SEO 结束后的下一年，公司往往会出现利润反转，盈利水平显著下降，使得投资者对公司失去信心，进而导致公司在股票市场上有较差表现。Teoh 等（1998）研究发现，如果公司在 IPO 前刻意进行较多的应计项目操纵，那么该公司的股票在 IPO 后的三年内市场表现往往较差。陆正飞和魏涛（2006）专门研究了中国的配股交易，他们发现，许多公司会在配股前进行相应的盈余管理，而且这类公司在配股后业绩下滑最为明显。Pae 和 Quinn（2011）发现，公司会在债券发行前使用盈余管理手段来增加利润。在这种情况下，投资者无法从公司披露的财务信息中准确地预期公司未来的经营业绩。

针对信息质量与股权融资成本，汪炜和蒋高峰（2004）、曾颖和陆正飞（2006）都得到了企业的信息披露质量越高，股权融资成本越低这一结论。姚立杰和夏冬林（2009）也发现，银行能够识别借款企业的盈余质量，即借款企业的盈余质量越高，总债务成本就越低。这说明整个资本市场对于公司的会计信息质量是认可的。Dechow 等（2010）认为，高质量的盈余信息能够降低投资者和公司之间的信息不对称，让投资者能够利用更加准确的会计信息来帮助其进行决策，提高其对于公司真实价值的判断能力，从而更好地保护自身利益。此外，公司未来产生现金流的能力也会受到债券投资者的重点关注。Chung 等（2005）的研究指出，公司会计信息质量的高低会显著影响债券投资者对于公司未来现金流的估计水平。公司的会计信息质量越差，未来会计盈余的波动程度越大，使得投资者在预测公司未来现金流时面临的不确定性较大，即会计信息质量越差的公司，其信息不确定性程度越高。Bharath 等（2008）发现，公司债券的信用利差在会计信息质量较差的公司中普遍较高。Prevost 等（2008）也得到了一致的结论。

因而，我们预期如果发债方的盈余管理行为能够被市场参与者所识别，则债券投资者会对会计信息质量差的公司进行"惩罚"，要求获得更多的风险补偿。在这种情况下，公司的会计信息质量越差，债券融资成本越高。但是，如果债券投资者并不能发现管理层的盈余管理行为，反而被管理层向上盈余管理的行为所误导，很可能会降低要求获得的风险补偿。据此，我们提出以下两个竞争性假说。

假设 H1a：在其他条件不变的情况下，公司的会计信息质量越高，其发行的公司债券融资成本越低。

假设 H1b：在其他条件不变的情况下，公司的会计信息质量越高，其发行的公司债券融资成本越高。

5.2 研究设计

5.2.1 样本选择和数据来源

与第 4 章的样本一致，本章选取了 2007—2015 年在沪、深证券交易所公开发行的公司债券作为我们的初始研究样本。为了保证研究结论的可靠性和准确性，借鉴已有研究（杨大楷和王鹏，2014；陈超和李镕伊，2014；方红星等，2013），我们对样本进行了如下处理：①考虑到金融企业在行业特征、报表结构以及受到的监管约束方面与其他行业有较大差异，因此本章剔除了所有金融行业上市公司发行的公司债券；②大部分非上市公司的财务信息披露制度较差，并未披露本章实证分析所需的许多财务指标，因此我们剔除了非上市公司发行的公司债券；③剔除所选变量存在缺失值的样本，如我们至少需要发债公司连续三年的财务数据来计算该公司的会计信息质量。经过上述筛选，我们最终获得了 2007—2015 年 A 股上市公司所发行的 532 只公司债券。为了降低极端值对回归结果的干扰，本章对所有连续变量在 1% 和 99% 百分位上进行了缩尾处理。与第 4 章的数据来源一致，本章所有的数据均来自 Wind 和 CSMAR 数据库。公司债券契约条款这一数据我们通过阅读债券募集书进行手工搜集、整理。考虑到年度财务报告披露的滞后性，本章用到的财务数据均为债券发行时所披露的前一年的财务数据。

5.2.2 变量度量

5.2.2.1 被解释变量

参照之前学者的相关研究（Gong 等，2017；Gong 等，2016；方红星等，2013；赵静和方兆本，2011；戴国强和孙新宝，2011），本章使用公司债券发行时的票面利率与同期发行的同期限国债收益率之差来衡量信用利差。这里我们用信用利差的自然对数 *LogSpread* 来表示公司债券融资成本。

5.2.2.2 解释变量

本章的解释变量为公司的会计信息质量。对于会计信息质量的衡量，我们主要通过 Dechow 和 Dichev（2002），Francis、LaFond、Olsson 和 Schipper（2005）以及 Ball 和 Shivakumar（2006）构建的模型计算得出。我们分别用 AQ_dd、$AQ\_francis$ 以及 AQ_bs 来表示，该值越大，说明公司的会计信息质量越好。因为它们的构建方法与本书的 4.2 中的构建方法完全一致，因此这里我们不再赘述。

5.2.2.3 控制变量

由于公司债券定价需要综合考虑发债公司的财务状况以及债券的基本特征，因此，与现有文献一致（Sengupta，1998；Shi，2003；Bharath 等，2008；Jiang，2008；Ge 和 Kim，2014），我们的控制变量主要包括公司特征变量以及债券特征变量。

公司规模（$Size$）：公司规模等于年末总资产的自然对数值。规模越大的企业普遍上市时间越长，声誉越好。相较于小企业，规模越大的公司越容易被投资者所了解，信息不对称程度较弱。因而，我们预期公司规模（$Size$）的回归系数符号为负。

杠杆率（Lev）：杠杆率等于总负债除以总资产。平均而言，公司的杠杆率越高，违约风险越大，公司的融资成本也越高（梁上坤等，2013；林晚发等，2014）。因而，我们预期杠杆率与债券融资成本正相关。[①]

盈利能力（ROA）：这里我们用总资产收益率来衡量。总资产收益率越高，说明公司的盈利能力越强，公司债券发生违约的可能性越低。因而，我们预期总资产收益率与公司的融资成本负相关。

托宾 Q（$TobinQ$）：托宾 Q 等于股票市值除以资产重置价值。托宾 Q 越大，说明公司成长性越好。一般而言，公司成长性越好，未来现金流越有保障，该公司发行的债券融资成本越低。但是，也有文献（Gong 等，2016）指出，成长性越好的公司越容易面临财务困境。有些公司在盲目扩张的过程中，极易造成公司资金链断裂。此外，成长性好的公司普遍信息不对称水平较高，投资者很难了解公司真实的运营情况。基于此，我们暂时不对 $TobinQ$ 的系数符号进行预期。

[①] 从另一种角度来看，如果公司的融资成本较低，公司会倾向于进行更多的债务融资（包括银行贷款和债券融资）。表面上来看，公司融资成本与杠杆率之间则存在负向关系。为了减轻其中可能的内生性问题，在模型回归中，我们使用债券发行前一年的杠杆率。因而，能在一定程度上降低反向因果（融资成本影响杠杆率）的可能性。

公司破产风险（Z_score）：我们根据 Altman（1968）的研究结果来计算公司的破产风险。Z_score 越大，公司的破产风险越小。因而，我们预期 Z_score 与公司债券融资成本负相关。

产权性质（SOE）：本研究参照主流文献的做法（Liang 等，2011；Chen 等，2013；Chen 和 Zhu，2013；Gong 等，2016；2017），如果发债企业的实际控制人为中央或地方政府，则取值为1，否则为0。一般而言，如果国有企业出现问题，更容易得到政府救助。因而，投资者会对国有企业发行的公司债券更加信任，索要的收益率也会相对较低。所以，我们预期 SOE 的回归系数符号为负。

审计质量（$Big4$）：虚拟变量，如果公司债券的发行主体其近期披露的年报是由四大会计师事务所（毕马威、普华永道、德勤和安永）审计的，则为1，否则为0。考虑到"四大"事务所的业务能力和声誉保证，一般由"四大"审计的公司，审计质量较高，投资者比较认可。陈超和李镕伊（2013）以中国2007—2011年发行的公司债券为样本，发现由高声誉审计机构（如"四大"或"十大"事务所）审计的公司，其发行的公司债券信用评级较高。余玉苗（2015）以2007—2013年发行的公司债券为研究对象，发现债券发行的审计师为"四大"能显著降低债券融资成本。基于此，我们预期由四大会计师事务所审计的公司，其所发行的公司债券融资成本较低。

主承销商声誉（$Toptier$）：根据中国证券业协会排名，我们将排在前20%的主承销商定义为高声誉主承销商，并赋值为1，其他为0。考虑到不同的排名标准，我们分别使用三个变量来全面度量主承销商声誉。具体而言：根据主承销商的总资产排名划分，我们将排在前20%的主承销商定义为高声誉主承销商（$Toptier\_asset$）；根据主承销商的债券承销金额排名划分，我们将排在前20%的主承销商定义为高声誉主承销商（$Toptier\_amount$）；根据主承销商的债券承销家数排名划分，我们将排在前20%的主承销商定义为高声誉主承销商（$Toptier\_bond$）。

声誉高的主承销商会制定严格的标准来选择和评估发债公司，所以投资者虽然不能像主承销商一样直接了解到公司的内部信息，但他们可以通过对承销商声誉的判断来间接评估发债公司的价值。高声誉的主承销商能更好地降低发债公司和投资者之间的信息不对称问题，因而，我们预期由高声誉承销商承销的债券，其融资成本较低。

此外，考虑到公司治理水平对债券融资成本的影响，我们还控制了公司治理相关变量，增加了董事会规模（$Boardsize$，董事会人数取对数）、独立董事比例（Indepratio，董事会中独立董事的比例）、是否两职合一（Dual，虚拟变量，若董事长与总经理两职合一，则为1，否则为0）。一般而言，董事会规模越大，独立董事在董事会中所占比例越高，以及董事长和总经理两职分离，意味着公司内部监督机制越强，公司治理水平越好。公司治理越好的公司，其与外部投资者之间的信息不对称水平较低，公司的透明度越高。所以，投资者对该类公司及其发行的公司债券也更加了解，索要的风险补偿也较低。Bhojraj和Sengupta（2003）在其研究中发现，董事会的独立性与债务融资成本显著负相关。Liu和Jiraporn（2010）研究发现，总经理的权力与债券融资成本之间呈现正相关关系。蒋琰（2009）基于中国的数据，也得到了同样的结论，发现提高董事会独立性可以有效降低上市公司债务融资成本。因而，我们预期发债公司的公司治理水平与债券融资成本负相关。

一般而言，公司发行债券时会首先选定主承销商，由其对公司展开尽职调查，并根据公司的实际情况和发行公司一同商定公司债券的发行金额、发行期限，以及契约条款等相关内容。随后，承销商会通过市场询价（book building mechanism），与各投资机构达成初步意向，在统计分析承销团成员及其他投资机构真实需求后，最终确定公司债券的票面利率。该流程与辛迪加贷款有很多相似之处（Bharath等，2011），且债券的票面利率询价过程发生在债券非价格特征已经基本确定之后，这些信息可能也会被投资者获取并加以考虑，所以本章在回归分析中还控制了公司债券的发行金额、发行期限等相关变量。

公司债券发行规模（LogAmount）：LogAmount为公司债券发行金额的自然对数值。一般而言，发行规模越大的债券其流动性也越强，发行利率也越低。因此，我们预期债券发行规模与债券融资成本负相关。

公司债券发行期限（LogMaturity）：LogMaturity为公司债券发行期限（以年为单位）的自然对数值。通常认为，公司债券发行期限越长，投资者需要承担的风险越高，因而索要的风险补偿越多（Gong等，2016）。所以，我们预期债券发行期限与债券融资成本正相关。

债券担保（Collateral）：虚拟变量，若债券发行有担保，则为1，否则为0。朱松（2013）、陈超和李镕伊（2014）发现，有担保的公司债券，融资成本较低。然而，Berger和Udell（1990），以及Bharath等（2011）的研究则认为，发行公司的违约风险越大，越有可能被要求担保，因而有担保的债券融资成本反而更高。基于此，我们暂不对Collateral的回归系数符号进行预期。

债券回售条款（Put）：虚拟变量，若债券发行包含回售条款，则为1，否则为0。如果债券契约中包含回售条款，则当回售条件被触发时，债券持有人可以依照事先的约定价格,将其所持有的债券回售给发行方。回售条款本质上是对债券持有人权益的保护,因此,我们预期债券回售条款与债券融资成本负相关。

债券信用评级变量($Rate$):我们借鉴国际通常做法(方红星等,2013,Gong 等,2016;2017),对公司债券信用评级进行赋值:AA - =1,AA = 2,AA + =3,AAA =4;数值越高代表评级越好。何平和金梦(2010)指出,债券票面利率会受到信用评级的显著影响。因此,我们预期债券信用评级与融资成本负相关。

行业特征($Industry$):样本中涉及农、林、牧、渔业,采矿业,制造业等13个行业,而行业之间存在显著的差异,这些差异也可能会影响投资者对债券风险的估计。例如,从行业竞争水平差异的角度来分析,当债券发行企业属于高竞争性行业时,该企业发行的债券违约风险较高,投资者要求的收益补偿也更高(Rahaman 和 Al Zaman,2013)。因此,我们在回归中引入12个虚拟变量来控制行业因素的影响。

年度特征($Year$):研究期内,全球经济环境的不确定性显著增大,使得投资者情绪和资本市场的波动水平也显著加大,这会对公司债券在一级市场上的初始定价产生影响。另外,Graham 等(2008)和 Collin - Dufresne 等(2001)发现,在经济萧条时期,债务市场的违约风险会急剧加大,导致公司的融资成本普遍较高。相较于经济繁荣时期,信用等级较高的公司债券与信用等级较低的公司债券之间的利差在经济萧条时期会被明显拉大。为此,我们控制了公司债券发行的年份$Year$。当公司债券在该年发行,则取值为1,否则为0。

表5-1为变量定义。

表5-1 变量定义

变量类型	变量名称	变量符号	变量描述
因变量	债券融资成本	$Spread$	公司债券发行时的票面利率与同期发行的同期限国债收益率之差
		$LogSpread$	债券融资成本的自然对数
自变量	会计信息质量	AQ_dd	根据 Dechow 和 Dichev(2002)计算得到。为了便于解释,在残差项的绝对值前乘以 -1,AQ_dd 越大,公司会计信息质量越好

续表 5-1

变量类型	变量名称	变量符号	变量描述
自变量	会计信息质量	$AQ\_francis$	根据 Francis、LaFond、Olsson 和 Schipper (2005) 计算得到。为了便于解释,在残差项的绝对值前乘以 -1,$AQ\_francis$ 越大,公司会计信息质量越好
		AQ_bs	根据 Ball 和 Shivakumar (2006) 计算得到。为了便于解释,在残差项的绝对值前乘以 -1,AQ_bs 越大,公司会计信息质量越好
控制变量	债券特征	债券发行规模(单位:元) $Amount$	公司债券发行金额
		债券发行规模 $LogAmount$	公司债券发行金额的自然对数
		债券发行期限(单位:年) $Maturity$	公司债券发行期限
		债券发行期限 $LogMaturity$	公司债券发行期限的自然对数
		有无担保 $Collateral$	虚拟变量,若债券发行有担保,则为1,否则为0
		是否有回售条款 Put	虚拟变量,若债券发行包含回售条款,则为1,否则为0
		债券信用评级 $Rate$	将公司债券信用评级分别赋值为:AAA=4,AA+=3,AA=2;AA-=1,数值越高表明评级越好
	事务所特征	是否"四大" $Big4$	虚拟变量,如果公司是由四大会计师事务所审计,则为1,否则为0
	主承销商特征	高声誉主承销商 $Toptier$	根据中国证券业协会排名,我们将排在前20%的主承销商定义为高声誉主承销商,并赋值为1,其他为0
		高声誉主承销商 $Toptier\_asset$	根据中国证券业协会对主承销商的总资产排名划分,我们将排在前20%的主承销商定义为高声誉主承销商,并赋值为1,其他为0

续表 5-1

变量类型		变量名称	变量符号	变量描述
控制变量	主承销商特征	高声誉主承销商	$Toptier\_amount$	根据中国证券业协会对主承销商的债券承销金额排名划分，我们将排在前 20% 的主承销商定义为高声誉主承销商，并赋值为 1，其他为 0
			$Toptier\_bond$	根据中国证券业协会对主承销商的债券承销家数排名划分，我们将排在前 20% 的主承销商定义为高声誉主承销商，并赋值为 1，其他为 0
	公司特征	公司规模	$Size$	年末总资产的自然对数
		资产负债率	Lev	负债总额/资产总额
		总资产收益率	ROA	净利润/总资产
		托宾 Q	$TobinQ$	股票市值/资产重置价值
		公司破产风险	Z_score	$Z\_score = 0.012X_1 + 0.014X_2 + 0.033X_3 + 0.006X_4 + 0.999X_5$，$X_1$ = 营运资本/总资产；X_2 = 留存收益/总资产；X_3 = 息税前利润/总资产；X_4 = 普通股优先股市场价值总额（总市值）/总负债；X_5 = 营业收入/总资产
		公司属性	SOE	虚拟变量，若发债公司为国有控股（地方和中央控股），则为 1，否则为 0
		董事会规模	$Boardsize$	董事会规模的自然对数
		独立董事比率	$Indepratio$	董事会中独立董事的比例
		两职合一	$Dual$	虚拟变量，若董事长与总经理两职合一，则为 1，否则为 0
	其他	年度	$Year$	年度哑变量，债券发行所在年度为 1，其余为 0
		行业	$Industry$	行业哑变量，根据证监会 2012 年行业分类标准划分

5.2.3 检验模型

本章主要检验发债公司的会计信息质量对于公司债券融资成本的影响。本章的基础分析使用普通最小二乘法（OLS）。为得到更为稳健的结论，我们还参照 Petersen（2009）的做法，采用双重聚类（个体和时间）调整标准误来进行 t 检验。为了检验假设 H1，采取模型 5-1：

$$LogSpread_{i,t} = \beta_0 + \beta_1 AQ_{i,t-1} + \beta_2 Size_{i,t-1} + \beta_3 Lev_{i,t-1}, + \beta_4 ROA_{i,t-1} +$$
$$\beta_5 TobinQ_{i,t-1} + \beta_6 Z\_score_{i,t-1} + \beta_7 Big4_{i,t-1} +$$
$$\beta_8 Toptier_{i,t-1} + \beta_9 SOE_i + \beta_{10} Boardsize_{i,t-1} +$$
$$\beta_{11} Indepratio_{i,t-1} + \beta_{12} Dual_{i,t-1} + \beta_{13} LogAmount_{i,t} +$$
$$\beta_{14} LogMaturity_{i,t} + \beta_{15} Put_{i,t} + \beta_{16} Collateral_{i,t} +$$
$$\beta_{17} Rate_{i,t} + \beta_i Industry + \beta_y Year + \varepsilon_{i,t} \qquad (5-1)$$

变量定义见表 5-1。若 AQ 前面系数 β_1 显著小于 0，说明 AQ 越大的公司，即会计信息质量越好的公司，其发行的公司债券融资成本越低。

5.3 实证结果

5.3.1 描述性统计分析

鉴于本研究使用的回归数据基本一致，且在第 4 章中我们已经列出了文中主要变量的描述性统计结果，因而，我们此处仅对公司债券融资成本进行基本统计分析。由描述性统计可见（未报告），公司债券融资成本（Spread）均值为 2.47%，中位数为 2.31%。这与杨大楷和王鹏（2014）以及林晚发等（2014）的研究中所报告的数值差别不大。

5.3.2 相关性分析

表 5-2 为变量的 Pearson 相关系数表。三个会计信息质量指标（AQ_dd、$AQ\_francis$、AQ_bs）的相关系数约为 0.87~0.99，且均在 1% 水平上显著，说明这三者具有较好的一致性。会计信息质量 AQ 与 $LogSpread$ 的相关系数均为负，且都在 1% 水平上显著，说明在不考虑其他因素影响的条件下，会计信息质量越好的公司，其发行的公司债券融资成本越低，符合假设 H1a 的预期。由于相关性分析并没有控制其他因素的影响，而从相关系数表中发现，公司规模、负债率以及成长性等因素均会影响公司债券融资成本。公司规模越大，债券融资成本越低；公司成长性越好，债券融资成本越高。因此，我们仍需要进行 OLS 回归分析。此外，我们还计算了各变量的 VIF 值。从表 5-2 中可以看出，

表 5-2 主要变量的 Pearson 相关系数

变量		VIF	1	2	3	4	5	6	7	8	9	10	11	12	13
LogSpread	1	1.88	1												
AQ_dd	2	1.10	-0.22**	1											
AQ_francis	3	1.07	-0.22**	0.87**	1										
AQ_bs	4	1.10	-0.22**	0.99**	0.87**	1									
LogAmount	5	2.72	-0.44**	0.09*	0.06	0.08*	1								
LogMaturity	6	1.28	-0.11*	-0.03	-0.03	-0.03	0.21**	1							
Put	7	1.50	0.17**	-0.04	0.02	-0.03	-0.28**	0.17**	1						
Collateral	8	1.25	0.07	-0.06	-0.09*	-0.07	0.06	0.15**	-0.25**	1					
Big4	9	1.37	-0.31**	0.07*	0.07	0.07	0.32**	0.21**	-0.13**	0.01	1				
Toptier	10	1.09	-0.21**	0.04	0.03	0.04	0.21**	0.04	-0.01	-0.06	0.08*	1			
Size	11	5.21	-0.57**	0.18**	0.11*	0.17**	0.78**	0.18**	-0.38**	0.06	0.44**	0.22**	1		
Lev	12	2.25	-0.15**	0.10*	0.01	0.10*	0.32**	0.12**	-0.06	0.08*	0.09*	0.04	0.50**	1	
ROA	13	2.16	-0.02	-0.12**	-0.01	-0.12**	-0.03	0.01	-0.04	-0.01	0.04	-0.02	-0.19**	-0.59**	1

续表 5-2

变量	VIF	1	2	3	4	5	6	7	8	9	10	11	12	13
TobinQ	14 1.77	0.16**	−0.12**	−0.03	−0.12**	−0.29**	−0.03	0.15**	−0.04	−0.14**	−0.06	−0.44**	−0.46**	0.53***
Z_score	15 1.09	−0.03	0.08*	0.04	0.08*	0.01	−0.03	−0.03	0.09*	0.06	−0.02	−0.02	−0.07	0.19***
SOE	16 1.59	−0.44**	0.07	0.06	0.07	0.28**	0.17**	−0.28**	0.27**	0.07	0.01	0.37**	0.18**	−0.04
Boardsize	17 1.52	−0.26**	0.02	0.01	0.01	0.34**	0.19**	−0.16**	0.10**	0.17**	0.10**	0.39**	0.14**	−0.10**
Indepratio	18 1.26	0.05	−0.01	−0.03	−0.01	−0.01	0.06	−0.01	0.07	0.06	−0.05	−0.01	0.01	−0.07
Dual	19 1.10	0.12**	−0.04	−0.03	−0.04	−0.14**	−0.07	0.12**	−0.08*	−0.08*	0.01	−0.22**	−0.19**	0.12***

变量	VIF	14	15	16	17	18	19
TobinQ	14 1.77	1					
Z_score	15 1.09	0.16**	1				
SOE	16 1.59	−0.20**	−0.01	1			
Boardsize	17 1.52	−0.23**	0.01	0.32**	1		
Indepratio	18 1.26	0.11**	0.07*	−0.02	−0.33**	1	
Dual	19 1.10	0.21**	0.02	−0.18**	−0.19**	0.09**	1

注：***、**和*分别代表在1%、5%和10%水平上显著。VIF（variance inflation factors）为方差膨胀因子。变量定义见表5-1。

除了 $Size$ 的 VIF 值为 5.21，其他变量的 VIF 值均在 5 以内，说明多重共线性问题在本章的实证模型中并不是特别严重。① 根据 Du 等（2015），我们还使用条件指数（condition indices）来考察变量之间的多重共线性情况。未报告的结果表明最大的条件指数（condition index）也远远小于 10，进一步表明我们的实证模型不存在严重的多重共线性问题（Belsley，1991）。

进一步，我们还按照 $AQ\_francis$ 从小到大，② 将样本分为 5 组，每组中 $Spread$ 的均值分布见图 5-1。可见，会计信息质量与债券融资成本总体呈负相关关系，随着公司会计信息质量的提高，债券融资成本逐渐降低，也同假设 H1a 的预期相符。

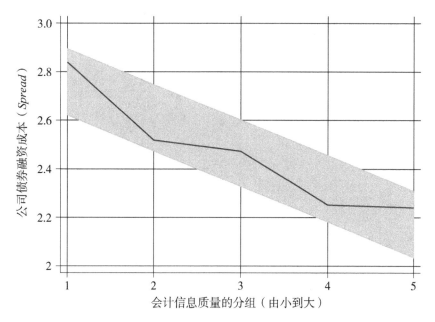

图 5-1　会计信息质量与债券融资成本

---

① 考虑到公司规模和债券规模的相关系数较高（0.78），我们在稳健性检验中会对这一问题进行处理。
② 为了避免重复，我们这里只报告了按照 $AQ\_francis$ 进行分组的公司债券融资成本的差异。但在稳健性检验中，我们也根据 AQ_dd 和 AQ_bs 进行了同样的处理，结果依然一致。

5.3.3 单变量分析

在这一部分，我们还对主要变量进行了单变量分析。按照 $AQ\_francis$ 是否大于年度、行业中位数，将样本分为高会计信息质量组（$High\_AQ=1$）和低会计信息质量组（$High\_AQ=0$）。表 5-3 报告了主要变量的组间差异检验结果：高会计信息质量组的 $Spread$ 的均值为 2.41%，小于低会计信息质量组的 2.51%，但是该差异在统计意义上不显著。中位数检验的结果也表明了相同的情况。此外，高会计信息质量组中的公司所发行的公司债券更有可能包含回售条款，且这一差异在 5% 水平上显著。

表 5-3 单变量分析（按 $High\_AQ$ 分组）

变量符号	高会计信息质量组 $High\_AQ=1$ (1)		低会计信息质量组 $High\_AQ=0$ (2)		差异 T/Z 检验 (2) - (1)	
	均值	中位数	均值	中位数	T 检验	Z 检验
Spread	2.410	2.240	2.510	2.350	1.11	1.06
Amount	1.500e+09	9.000e+08	1.300e+09	9.000e+08	-0.76	-0.17
Maturity	5.540	5	5.570	5	0.24	-0.10
Collateral	0.470	0	0.490	0	0.43	0.43
Put	0.690	1	0.600	1	-2.16*	-2.16**
Size	23.29	23.07	23.22	23	-0.56	-0.49
Lev	0.530	0.540	0.540	0.560	0.44	0.45
ROA	0.050	0.040	0.050	0.040	0.02	-0.68
TobinQ	1.890	1.440	1.950	1.520	0.62	0.75
Z_score	71.19	59.20	67.03	57.52	-0.94	-0.90
SOE	0.580	1	0.590	1	0.25	0.25
Big4	0.110	0	0.120	0	0.41	0.41
Toptier	0.250	0	0.220	0	-0.82	-0.82
Boardsize	2.230	2.200	2.240	2.200	0.64	0.75
Indepratio	0.370	0.330	0.370	0.340	0.24	0.42
Dual	0.120	0	0.120	0	-0.16	-0.16

注：***、** 和 * 分别代表在 1%、5% 和 10% 水平上显著；T 值与 Z 值是按照 $High\_AQ$ 分组后各变量的均值与中位数的单变量检验结果。

为了便于说明，我们首先将样本分为高会计信息质量组（$High\_AQ=1$）和低会计信息质量组（High_AQ=0），然后比较价格条款（债券融资成本）和非价格条款（债券规模、债券期限、是否有担保、限制性契约条款）在这两组中的差异。为了在不同的公司中更好地进行比较，我们对价格条款和非价格条款都进行了标准化处理，使得它们的均值为0，方差为1。具体处理过程为：$Z = \dfrac{X - \bar{X}}{\sigma_X}$，其中 Z 为标准化之后的值，X 为真实值（标准化之前），$\bar{X}$ 为债券样本的平均值，σ_X 为 X 的标准差。

图 5-2（a）表明高会计信息质量组中的公司所发行的公司债券，融资成本要小于样本公司的平均融资成本；而低会计信息质量组中的公司所发行的公司债券，融资成本要明显大于样本公司的平均融资成本。这说明了债权人会将公司的信息质量这一因素纳入到债券定价中来。图 5-2（b）主要考察了公司债券契约条款中的非价格条款（non-price contract terms）。Dennis 等（2000）、Graham 等（2008）、Bharath 等（2011）以及 Gong 等（2016）都提及债务契约中最重要的非价格条款包括债务规模、债务期限、担保条款以及限制性契约

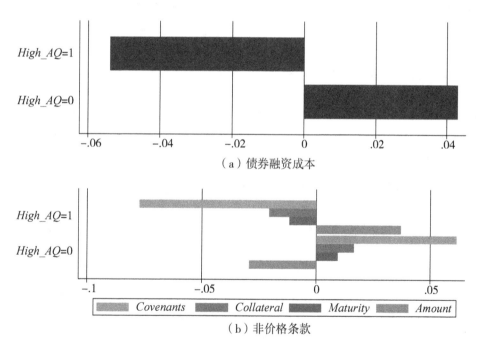

图 5-2　会计信息质量与债券契约条款

条款。①

从图 5-2 中我们可以看出，相对于样本公司的平均值，高会计信息质量组中的公司所发行的公司债券规模明显较大，其债券期限也相对较短，在债券契约中也较少包含担保条款和限制性契约条款；而低会计信息质量组中的公司所发行的公司债券规模明显较小，公司债券期限相对较长，在债券契约中更有可能包含担保条款和更多的限制性契约条款。总之，上述结论表明，投资者在进行条款设计（包括价格条款和非价格条款）时，会将发行公司的会计信息质量考虑进来。

既然发行公司的会计信息质量会影响公司债券的融资成本，那么公司会不会在债券发行前一年有意地显著提高其会计信息质量，以达到降低融资成本的目的？参照 Bharath 等（2008）、Hasan 等（2014）以及 Gong 等（2016）的做法，我们考察公司的会计信息质量是否在债券发行前几年内（第 $t-2$ 年到第 $t-1$ 年或第 $t-3$ 年到第 $t-1$ 年）经历较大变动。如果存在公司"突击"提高会计信息质量的行为，那说明我们用债券发行前一年的会计信息质量来衡量公司的信息环境是不准确的。② 我们首先将债券发行前两年（第 $t-2$ 年）的会计信息质量分为四等分，分别为 $Q1$、$Q2$、$Q3$、$Q4$。接着将债券发行前一年（第 $t-1$ 年）的会计信息质量也分为四等分，取值为 $Q1^*$、$Q2^*$、$Q3^*$、$Q4^*$。如果公司 A 在第 $t-2$ 年的会计信息质量为 $Q1$ 等级，在第 $t-1$ 年的会计信息质量仍为 $Q1^*$ 等级，那么我们认为从第 $t-2$ 年到第 $t-1$ 年，公司 A 的会计信息质量变动为 0，即会计信息质量的相对水平保持不变。如果公司 B 在第 $t-2$ 年的会计信息质量为 $Q1$ 等级，在第 $t-1$ 年的会计信息质量为 $Q3^*$ 等级，那么我们认为从第 $t-2$ 年到第 $t-1$ 年，公司 B 的会计信息质量变动为 2，即会计信息质量变动两个等级。表 5-4 中 A 组为债券发行前公司会计信息质量变动情况。我们分别统计了债券发行前两年到债券发行前一年（第 $t-2$ 年到第 $t-1$ 年）以及债券发行前三年到债券发行前一年（第 $t-3$ 年到第 $t-1$ 年）公司会计信息质量的

---

① 本研究的限制性契约条款包括融资限制条款和资产出售限制条款。我们将这二者相加来计算总的限制性契约条款数量。我们会在进一步研究中对债券限制性契约条款进行详细阐述。

② 我们使用债券发行前一年的会计信息质量来衡量公司信息环境的一个重要前提是，公司的信息环境是较为稳定的，债券发行前的会计信息质量可以代表发债公司长期的信息质量。

变动情况。① 从 A 组中我们可以看出，有 73.8% 的公司的会计信息质量在第 $t-2$ 年到第 $t-1$ 年保持不变或最多变动一个等级；大约有 62.4% 的公司的会计信息质量在第 $t-3$ 年到第 $t-1$ 年保持不变或最多变动一个等级。因此我们可以认为，对于绝大多数的发债公司，其会计信息质量具有持续性，在债券发行前突然提高公司的会计信息质量这一做法并不常见。这说明公司的会计信息质量这一指标是可靠的，它能比较准确地反映公司真实的财务信息环境。

此外，按照 Hasan 等（2014）类似的说法，如果公司"突击"提高会计信息质量是为了获得较低的融资成本的话，那么债券发行以后，这些有着特殊目的的公司无须再继续保持较高的会计信息质量，因而，公司的会计信息质量会在债券发行以后出现大面积的下降。为了进一步验证会计信息质量的可靠性，我们在表 5-4 的 B 组中统计了债券发行后公司会计信息质量的变动情况。我们发现大概 64.4% 的公司的会计信息质量在第 $t-1$ 年到第 t 年保持不变或最多变动一个等级；64.3% 的公司的会计信息质量在第 $t-1$ 年到第 $t+1$ 年保持不变或最多变动一个等级。说明在我们的债券样本中，公司的会计信息质量在债券发行后出现大面积下降的现象并不常见。这进一步表明了公司会计信息质量这一指标是可靠的。

表 5-4 债券发行前后公司会计信息质量的变动

A 组：债券发行前公司会计信息质量的变动		
变动情况	从第 $t-2$ 年到第 $t-1$ 年	从第 $t-3$ 年到第 $t-1$ 年
保持不变	31.7 [159]	24.5 [117]
变动一个等级	42.1 [211]	37.9 [181]
变动两个等级	17.6 [88]	24.5 [117]

---

① 这里需要特别说明的是，由于一些关键变量的缺失，只有 501 只公司债券有债券发行前两年（第 $t-2$ 年）的会计信息质量数据；只有 478 只公司债券有第 $t-3$ 年的会计信息质量数据。此外，回顾之前计算会计信息质量的公式，计算当年的会计信息质量需要下一年度的财务数据。那么对于 2014 年的公司债券，我们无法计算第 $t+1$ 年的会计信息质量；对于 2015 年新发行的公司债券，则无法计算第 t 年以及第 $t+1$ 年的会计信息质量，因而我们只有 436 只公司债券有第 t 年的会计信息质量数据，375 只公司债券有第 $t+1$ 年的会计信息质量数据。

续表 5-4

A 组：债券发行前公司会计信息质量的变动		
变动情况	从第 $t-2$ 年到第 $t-1$ 年	从第 $t-3$ 年到第 $t-1$ 年
变动三个等级	8.6 [43]	13.1 [63]
B 组：债券发行后公司会计信息质量的变动		
变动情况	从第 $t-1$ 年到第 t 年	从第 $t-1$ 年到第 $t+1$ 年
保持不变	26.6 [116]	23.2 [87]
变动一个等级	37.8 [165]	41.1 [154]
变动两个等级	23.4 [102]	25.1 [94]
变动三个等级	12.2 [53]	10.6 [40]

注：A 组为债券发行前公司会计信息质量的变动情况；我们用百分比表示发债公司从第 $t-2$ 年（第 $t-3$ 年）到第 $t-1$ 年会计信息质量变动的比率；中括号内为公司数量。B 组为债券发行后公司会计信息质量的变动情况；我们用百分比表示发债公司从第 $t-1$ 年到第 t 年（第 $t+1$ 年）会计信息质量变动的比率；中括号内为公司数量。

5.3.4 回归分析

为了检验会计信息质量与公司债券融资成本之间的关系，本章在控制公司与债券层面的因素后，使用不同的会计信息质量代理变量对债券信用利差进行回归。表 5-5 报告了假设 H1 的检验结果：在第（1）列中，我们只控制了债券特征变量以及公司特征变量，并未加入会计信息质量的衡量指标。我们发现，规模较大（$Size$）的公司，盈利能力（ROA）较好、成长性较高（$TobinQ$）的公司以及破产风险较低（Z_score）的公司，债券融资成本较低。国有企业（SOE）发行的公司债券，其融资成本要显著低于非国有企业。$Big4$ 的系数显著为负，说明相较于非"四大"，投资者更认可被"四大"审计的公司。$Toptier$ 的系数显著为负，说明投资者更认可由高声誉的主承销商所承销的公司债券。此外，债券的信用评级越高，债券融资成本越低。

有趣的是，是否具有担保（$Collateral$）的系数为正，即有担保的公司的债券融资成本反而更高，这与朱松（2013）、陈超和李镕伊（2014）的研究结论是不一致的。而 Berger 和 Udell（1990），以及 Bharath 等（2011）的研究则认为，发债公司的违约风险越大，越有可能被要求担保，因而有担保的债券融资成本反而更高，这是对这一现象的一个可能的解释。

此外，我们发现在公司特征中，杠杆率（Lev）的回归系数不显著，可能的原因是《公司债券发行与交易管理办法》已经明确约束了债券发行人的财务杠杆水平（陈超和李镕伊，2014）。有发行资格的公司其杠杆率之间的差异并不大，因而我们在回归中并未发现杠杆率与债券融资成本之间存在显著的相关关系。我们还发现，债券发行期限（$LogMaturity$）也与债券融资成本无显著相关关系，出现此种情况的原因可能是本研究的样本大多为5年期公司债券（57.7%），样本的差异性不够。

在第（2）至第（4）列中，我们分别将公司的会计信息质量纳入回归模型中。在第（2）列，我们使用 AQ_dd 作为会计信息质量的代理变量；在第（3）列，我们使用 $AQ\_francis$ 作为会计信息质量的代理变量；在第（4）列，我们使用 AQ_bs 作为会计信息质量的代理变量。回归结果显示，AQ_dd、$AQ\_francis$ 以及 AQ_bs 的系数分别为 -0.431、-0.458 和 -0.459，且都在1%水平上显著，这进一步支持了本章的假设 H1a。说明了公司的会计信息质量与信用利差负相关，投资者在对公司债券进行定价时，能准确识别发债公司的盈余管理行为，对于会计信息质量较差的发行公司，投资者会要求较高的风险溢价补偿。

接下来，我们来讨论一下这个结果的经济含义。由于因变量 $LogSpread$ 是对数形式，回归系数因而具有半弹性解释力（semi-elasticity interpretation）。会计信息质量的估计系数应该解释为 $\frac{dY}{dX} \times \frac{1}{Y}$，$Y$ 为因变量，X 为自变量。按照这一逻辑，我们知道在表 5-5 的第（2）列中，AQ_dd 的系数应该解释为 $\frac{dY}{dX}=-0.431 \times Y$。在描述性统计中，我们得知公司债券信用利差（$Spread$）的平均值为 2.47%，$AQ\_dd$ 增加一个标准差，可以降低公司债券融资成本 1.065%。在样本中，公司债券的平均发行金额为 14 亿元，AQ_dd 提高一个标准差，每年可以为公司节约大约 1491 万元的公司债券融资成本。[①] 同理可推知，$AQ\_francis$ 提高一个标准差，可以降低公司债券融资成本 1.131%，每年可为公司节约大约 1583 万元的债券融资成本。AQ_bs 提高一个标准差，可以降低公司债券融资成本 1.134%，每年可为公司节约大约 1588 万元的债券融资成本。

---

① 这里我们不计算复利。因而，1491 万元是提高公司的会计信息质量所能节约的债券融资成本的最低数目。

表5-5 会计信息质量与公司债券融资成本

变量	(1)	(2)	(3)	(4)
AQ_dd		-0.431*** (-2.71)		
AQ_francis			-0.458*** (-5.44)	
AQ_bs				-0.459*** (-2.90)
Size	-0.037** (-2.26)	-0.032* (-1.86)	-0.034** (-1.97)	-0.032* (-1.85)
Lev	0.112 (0.89)	0.090 (0.69)	0.093 (0.69)	0.090 (0.69)
ROA	-0.950* (-1.73)	-1.072** (-2.05)	-0.986* (-1.80)	-1.079** (-2.07)
TobinQ	-0.019*** (-4.28)	-0.019*** (-3.75)	-0.018*** (-4.20)	-0.019*** (-3.74)
Z_score	-0.001*** (-5.07)	-0.001*** (-3.90)	-0.001*** (-4.11)	-0.001*** (-3.69)
SOE	-0.250*** (-2.71)	-0.250*** (-2.65)	-0.248*** (-2.63)	-0.250*** (-2.65)
LogAmount	-0.037 (-0.74)	-0.039 (-0.75)	-0.037 (-0.73)	-0.039 (-0.75)
LogMaturity	-0.057 (-1.05)	-0.058 (-1.07)	-0.058 (-1.05)	-0.057 (-1.06)
Put	-0.051 (-1.40)	-0.049 (-1.33)	-0.047 (-1.29)	-0.049 (-1.32)
Collateral	0.137** (2.12)	0.135** (2.14)	0.133** (2.14)	0.134** (2.14)
Big4	-0.126** (-2.13)	-0.125** (-2.05)	-0.124** (-2.06)	-0.125** (-2.07)

续表 5-5

变量	(1)	(2)	(3)	(4)
$Toptier$	-0.091***	-0.092***	-0.092***	-0.092***
	(-4.32)	(-4.09)	(-4.03)	(-4.05)
$Boardsize$	-0.024	-0.033	-0.033	-0.035
	(-0.33)	(-0.46)	(-0.46)	(-0.48)
$Indepratio$	0.342	0.319	0.310	0.316
	(0.79)	(0.74)	(0.73)	(0.74)
$Dual$	0.019	0.018	0.016	0.018
	(0.59)	(0.62)	(0.57)	(0.62)
$Rate$	-0.212***	-0.208***	-0.208***	-0.208***
	(-7.68)	(-8.59)	(-8.28)	(-8.60)
$Constant$	3.264***	3.149***	3.174***	3.153***
	(3.85)	(3.73)	(3.86)	(3.74)
$Year$	Yes	Yes	Yes	Yes
$Industry$	Yes	Yes	Yes	Yes
$Observations$	532	532	532	532
Adjusted R^2	0.623	0.625	0.625	0.625

注：被解释变量为债券融资成本 $LogSpread$；每个模型均控制年度虚拟变量和行业虚拟变量。***、**、*分别表示在1%、5%和10%的水平上显著。

通过分析表 5-5，我们得知，不论是在统计意义上还是经济意义上，会计信息质量都能显著降低公司债券融资成本。但是针对债务融资成本不同的发行企业，会计信息质量的提高对债券融资成本的影响是否存在差异？对于这一问题，我们很难从表 5-5 中得到答案。我们进一步通过分位数回归来考察在不同的融资成本条件分布上，会计信息质量对债券融资成本作用的大小（Koenker 和 Hallock, 2001）。具体而言，我们根据公司融资成本（$Spread$）的大小将全样本分为九组：第 10 百分位数（0.10）指的是融资成本较低组，此时公司的债务融资成本较小；第 90 百分位数（0.90）指的是融资成本较高组，此时公司的债务融资成本较大。回归结果见图 5-3。其中圆圈分别表示融资成本分布在 10%、20%、30%、40%、50%、60%、70%、80%、90% 处的结果，结果表明会计信息质量对于债券融资成本条件分布的左端影响大于右端影响，系数分别在 20%、30%、40%、50%、60% 的分位数处显著，且在 20% 处会计信息质量的影响最大也最显著。这说明当公司的融资成本不是很高时，努力改善公司的信息环境可以很显著地降低公司债券的融资成本；而对于融资成本已经很低的公司（10%分位数处），会计信息质量对债券融资成本的影响则相对较弱；当融资成本已经很高时（如在70%、80%、90%分位数处），会计信息质量的作用并不是很明显，一个可能的原因是公司本身的经营或管理出现了问题，单纯提高会计信息质量无法从根本上降低公司的风险，投资者仍然会索取较高的风险补偿。

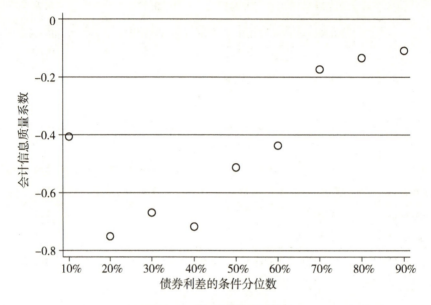

图 5-3　分位数回归结果

5.3.5　处理内生性

与所有实证研究一样，我们的研究也无法完全排除内生性问题的影响。因此，我们还使用了其他五种方法，进一步降低内生性对研究结论的干扰。

5.3.5.1　两阶段处理效应检验

公司是否拥有高质量的会计信息还可能受到各种外部因素的影响，且这些因素又可能影响公司的融资成本。如此，发债公司是否具有较高的会计信息质量本身就存在内生性问题。借鉴 Gong 等（2017）的做法，我们采用处理效应模型（treatment effect model）来控制内生性，以期消除由于公司个体差异所导致的选择性偏差问题（Maddala，1986）。处理效应模型的第一阶段是分析哪些因素会影响公司是否拥有较高的会计信息质量，并估算出逆米尔斯比（IMR）；而处理效应模型的第二阶段则主要考察在控制样本选择性偏差后，高质量的会计信息质量是否仍然能够显著降低债券融资成本。

我们按照 AQ 是否大于年度行业中位数，将样本分为高会计信息质量组和低会计信息质量组。处理效应模型的第一阶段是 Probit 回归，因变量是虚拟变量，若公司属于高会计信息质量组，则为1，否则为0。我们在回归模型中加入了公司规模（Size）、资产负债率（Lev）、盈利能力（ROA）、成长能力（TobinQ）、公司的破产风险（Z_score）、是否由"四大"审计（Big4）、产权性质（SOE）以及公司治理相关变量（Boardsize、Indepratio、Dual）。此外，模型中还加入了行业和年度虚拟变量。第一阶段回归模型如下：

$$High\_AQ_{i,t} = \beta_0 + \beta_1 Size_{i,t} + \beta_2 Lev_{i,t} + \beta_3 ROA_{i,t} + \beta_4 TobinQ_{i,t} + \beta_5 Z\_score_{i,t} + \beta_6 Big4_{i,t} + \beta_7 SOE_i + \beta_8 Boardsize_{i,t} + \beta_9 Indepratio_{i,t} + \beta_{10} Dual_{i,t} + \beta_i Industry + \beta_y Year + \varepsilon_{i,t}$$

(5-2)

处理效应模型的第二阶段是 OLS 回归，因变量是债券融资成本（LogSpread）。High_AQ 是我们关注的变量。我们除了控制公司规模（Size）、公司资产负债率（Lev）、盈利能力（ROA）、成长能力（TobinQ）、公司的破产风险（Z_score）、是否由"四大"审计（Big4）、产权性质（SOE）以及公司治理相关变量（Boardsize、Indepratio、Dual）外，我们还进一步控制了逆米尔斯比（IMR）、承销商声誉（Toptier）以及债券特征变量，包括债券发行规模（LogAmount）、债券期限（LogMaturity）、是否包含回售条款（Put）、是否有担保（Collateral）、信用评级（Rate）等变量。最后，我们同样控制了行业变量和年度变量。我们用模型（5-3）来检验假设 H1，即公司高质量的会计信息对于债券融资成本的影响。

$$LogSpread_{i,t} = \beta_0 + \beta_1 High\_AQ_{i,t-1} + \beta_2 Size_{i,t-1} + \beta_3 Lev_{i,t-1} + \beta_4 ROA_{i,t-1} + \beta_5 TobinQ_{i,t-1} + \beta_6 Z\_score_{i,t-1} + \beta_7 Big4_{i,t-1} + \beta_8 Toptier_{i,t-1} + \beta_9 SOE_i + \beta_{10} Boardsize_{i,t-1} + \beta_{11} Indepratio_{i,t-1} + \beta_{12} Dual_{i,t-1} + \beta_{13} LogAmount_{i,t} + \beta_{14} LogMaturity_{i,t} + \beta_{15} Put_{i,t} + \beta_{16} Collateral_{i,t} + \beta_{17} Rate_{i,t} + \beta_{18} IMR + \beta_i Industry + \beta_y Year + \varepsilon_{i,t}$$

(5-3)

表 5-6 为处理效应模型的回归结果。从第一阶段的回归结果可以看出，公

司规模（Size）越大，公司更有可能拥有高质量的会计信息。第二阶段的回归结果显示，在控制了选择偏差后，公司的会计信息质量对债券融资成本仍然具有显著影响（coefficient = -0.024；$t = -1.91$），说明选择偏差对本章的主要结论影响有限。此外，我们还进一步考察了逆米尔斯比（IMR）的系数，发现该系数在统计意义上并不显著，说明样本选择偏差问题在本书中并不是很严重。

表 5-6 处理效应模型回归结果

变量	第一阶段 High_AQ	第二阶段 LogSpread
High_AQ		-0.024*
		(-1.91)
Size	0.110**	0.148
	(2.15)	(1.13)
Lev	-0.662	-1.000
	(-0.73)	(-1.09)
ROA	-0.586	-1.894*
	(-0.19)	(-1.94)
TobinQ	-0.018	-0.050*
	(-0.26)	(-1.95)
Z_score	0.002	0.002
	(1.12)	(1.02)
SOE	-0.083	-0.390***
	(-0.61)	(-4.04)
Big4	-0.165	-0.399*
	(-0.42)	(-1.75)
Boardsize	-0.399	-0.671
	(-0.77)	(-1.34)
Indepratio	-0.318	-0.167
	(-0.34)	(-0.28)
Dual	-0.019	-0.010
	(-0.07)	(-0.39)

续表 5-6

变量	第一阶段 High_AQ	第二阶段 LogSpread
IMR		2.489 (1.32)
Toptier		-0.095*** (-4.09)
LogAmount		-0.038 (-0.74)
LogMaturity		-0.060 (-1.07)
Put		-0.046 (-1.25)
Collateral		0.137** (2.15)
Rate		-0.213*** (-8.57)
Constant	-6.279*** (-2.43)	-11.832 (-0.98)
Year	Yes	Yes
Industry	Yes	Yes
Observations	532	532

注：第一阶段被解释变量为 High_AQ，若公司属于高会计信息质量组，则为1，否则为0；第二阶段被解释变量为债券融资成本 LogSpread。每个模型均控制年度虚拟变量和行业虚拟变量。***、**、* 分别表示在1%、5%和10%的水平上显著。

5.3.5.2 进一步控制其他因素的影响

为缓解遗漏变量导致的内生性问题，我们还控制了公司是否交叉上市、市场波动率和其他公司治理因素。Ge 等（2012）发现相对于非交叉上市公司，交叉上市公司往往会面临境外资本市场更为严格的外部监管和法律环境。在我们的样本中，发债公司可归为两类。一类是只在 A 股上市，即在上海证券交易所上市或在深圳证券交易所上市；另一类是既在 A 股上市又在香港上市。Porta 等（1997）指出，香港的信息披露要求非常严格，在香港上市的公司其信息披露是非常完善的。因而，相对于纯 A 股上市公司，既在 A 股上市又在香港上市的公司由于会受到两种制度的约束，更有可能向投资者提供高质量的财务信息报告。目前，国内的一些文献也进行了相关研究，他们也证实了交叉上市公司的盈余管理水平显著低于纯 A 股上市公司（辛清泉和王兵，2010；李双燕，2013；贾巧玉和周嘉南，2016）。我们这里用 Crosslist 来衡量公司是否海外上市，如果发债公司既在大陆上市又在香港等大陆之外地区上市，则为 1，否则为 0。我们认为公司在外部监管更为严格的地区（这里特指香港）交叉上市，可以约束大股东和管理层攫取私人利益，加大对中小股东的保护力度，进而向投资者传递"高质量公司"的信号。因而，我们预期由这类公司发行的公司债券，投资者会更加认可，索要的风险补偿也较低。但是在表 5-7 的第（1）列中，我们并没有发现 Crosslist 与公司债券融资成本之间存在显著的相关关系，但是在控制了 Crosslist 之后，AQ_francis 的系数仍然在 1% 水平上显著为负。[①] 这说明本研究结论并非遗漏 Crosslist 变量导致。

另外，Ge 和 Kim（2014）研究发现，投资者对债券进行定价时会考虑发债公司的市场波动率。借鉴 Ge 和 Kim（2014）的方法，我们使用债券发行前一年日股票收益率的标准差来衡量公司的市场波动率，这里我们用 Volatility 来表示。一般而言，公司的波动率越高，风险越大，债券融资成本也越高。为控制该因素对研究结论的影响，我们在模型中加入了 Volatility 变量。结果显示，在控制了发债公司的市场波动率后，AQ_francis 的系数仍然在 1% 水平上显著为负。这说明控制了 Volatility 后，我们的研究结论依然成立。尽管我们在模型中已经控制了一些公司治理变量，这里我们还进一步控制其他公司治理变量的影响：机构投资者的持股比例（Institutional）和前五大股东持股比率（Top5）。我们采用年末机构投资者持股数量与总持股数量的比率来衡量机构投资者持股比例。一般而言，机构投资者持股比例越高，对公司的监督作用越强，公司债券融资成本越低（林晚发等，2014）。我们采用第一到第五位大股东持股比例之和来衡量股东的监督力度。Top5 越大，说明股东的监督力度越强，越能抑制管理层的

---

① 为了避免重复，我们这里只报告了 AQ_francis 的系数。但在稳健性中，我们也根据 AQ_dd 和 AQ_bs 进行了同样的处理，结果依然一致。

不当行为。从表 5-7 的第 (3) 列中可以看出，机构投资者持股比例越高（Institutional），债券融资成本越低（coefficient = -0.001；t = -2.27）；但我们并未发现前五大股东持股比率（Top5）与债券融资成本有显著相关关系。最重要的是，在加入这些变量之后，AQ_francis 的系数仍然在 1% 水平上显著为负。

此外，Gong 等（2016）发现发债公司的社会责任信息披露越完善，公司债券的融资成本越低。为控制该因素对研究结论的影响，我们在模型中加入了 CSR 变量。结果显示，在控制了 CSR 变量之后，AQ_francis 的系数仍然在 1% 水平上显著为负。考虑到债券投资者在对公司债券进行定价时，也会将当地的制度环境因素考虑进去。这里我们使用常用的市场化指数（Market）作为制度环境的代理变量。Market 越大，说明区域的市场化环境越好。在控制了 Market 变量后，AQ_francis 的系数依然在 1% 水平上显著为负。这说明进一步控制其他因素的影响后，本章的研究结论依然成立。

表 5-7　进一步控制其他因素的影响

变量	(1)	(2)	(3)	(4)	(5)
AQ_francis	-0.475*** (-3.56)	-0.449*** (-5.47)	-0.440*** (-4.21)	-0.446*** (-4.03)	-0.478*** (-3.84)
Crosslist	0.047 (0.71)				
Volatility		0.006 (1.49)			
Institutional			-0.001** (-2.27)		
Top5			0.002 (1.57)		
CSR				-0.004*** (-2.63)	
Market					-0.021** (-2.03)
Size	-0.044*** (-3.04)	-0.032* (-1.75)	-0.041** (-2.54)	-0.040** (-2.36)	-0.041** (-2.48)

续表 5-7

变量	(1)	(2)	(3)	(4)	(5)
Lev	0.058	0.082	0.145	0.010	0.015
	(0.43)	(0.61)	(1.08)	(0.68)	(0.78)
ROA	−1.108*	−1.143*	−0.857	−1.148**	−1.118**
	(−1.96)	(−1.96)	(−1.61)	(−1.98)	(−1.97)
$TobinQ$	−0.021***	−0.022***	−0.019***	−0.020***	−0.020***
	(−5.31)	(−4.94)	(−4.78)	(−5.39)	(−5.12)
Z_score	−0.001***	−0.001***	−0.001***	−0.001***	−0.001***
	(−3.45)	(−4.33)	(−4.08)	(−3.65)	(−3.88)
SOE	−0.231**	−0.245***	−0.241***	−0.224**	−0.226**
	(−2.47)	(−2.61)	(−2.67)	(−2.48)	(−2.58)
$LogAmount$	−0.038	−0.041	−0.037	−0.042	−0.041
	(−0.73)	(−0.78)	(−0.73)	(−0.81)	(−0.80)
$LogMaturity$	−0.060	−0.060	−0.060	−0.060	−0.060
	(−1.11)	(−1.07)	(−1.13)	(−1.13)	(−1.12)
Put	−0.042	−0.048	−0.041	−0.043	−0.042
	(−0.87)	(−1.25)	(−1.27)	(−0.99)	(−1.19)
$Collateral$	0.145**	0.133**	0.122**	0.138**	0.132**
	(2.41)	(2.14)	(2.08)	(2.38)	(2.18)
$Big4$	−0.135	−0.128**	−0.131*	−0.140	−0.138
	(−1.51)	(−2.17)	(−1.94)	(−1.50)	(−1.44)
$Toptier$	−0.104***	−0.092***	−0.090***	−0.097***	−0.095***
	(−4.24)	(−3.97)	(−4.08)	(−3.82)	(−3.78)
$Boardsize$	−0.057	−0.026	−0.020	−0.043	−0.030
	(−0.80)	(−0.40)	(−0.30)	(−0.69)	(−0.34)
$Indepratio$	0.293	0.327	0.332	0.321	0.323
	(0.64)	(0.80)	(0.76)	(0.70)	(0.78)
$Dual$	0.008	0.014	0.016	0.005	0.013
	(0.19)	(0.47)	(0.51)	(0.12)	(0.45)

续表 5-7

变量	(1)	(2)	(3)	(4)	(5)
Rate	-0.204***	-0.209***	-0.207***	-0.207***	-0.207***
	(-7.38)	(-8.18)	(-8.19)	(-7.30)	(-8.10)
Constant	3.494***	3.198***	3.149***	3.236***	3.135***
	(3.54)	(3.89)	(3.49)	(3.54)	(3.88)
Year	Yes	Yes	Yes	Yes	Yes
Industry	Yes	Yes	Yes	Yes	Yes
Observations	476	532	531	342	532
Adjusted R^2	0.631	0.626	0.629	0.634	0.633

注：被解释变量为债券融资成本 *LogSpread*。每个模型均控制年度虚拟变量和行业虚拟变量。***、**、* 分别表示在 1%、5% 和 10% 的水平上显著。

5.3.5.3 控制价格条款和非价格条款相互决定的影响

在某些程度上，债券价格条款和非价格条款之间是可以相互影响的（Bharath 等，2011；Rahaman 和 Al Zaman，2013；Gong 等，2016）。这里的价格条款，就是指公司债券的信用利差；非价格条款，包括债券规模、债券期限、是否有担保以及债券限制性契约条款。在假设 H1 中，我们发现高质量的会计信息能显著降低公司债券的融资成本。然而，除了直接的融资成本外，其他非价格条款也有可能对发债公司产生间接成本。Rahaman 和 Al Zaman（2013）指出，投资者出于自身利益的考虑，可能会要求公司设立一些限制性契约条款，如禁止投资高风险项目、禁止发行更高等级的债务等，这样会使得公司错失一些净现值大于 0 的项目。Barclay 和 Smith（1995）指出，短期债务更有利于债权人进行监督，提高债权人的议价能力。如果债权人对公司 A 只进行短期贷款，那么债权人可以在短期贷款到期后重新对公司 A 进行评估，并针对其最新的风险水平进行重新议价，以此降低债权人的债务风险。尽管我们很难去量化这些间接成本，但是公司的会计信息质量很有可能会与这些非价格条款密切相关，由于非价格条款会在一定程度上影响价格条款，所以我们很可能会误以为会计信息质量与债券融资成本有关。正因为如此，我们需要控制价格条款和非价格条款相互决定的影响。

借鉴 Bharath 等（2011）、Ge 等（2012）、Rahaman 和 Al Zaman（2013）以及 Gong 等（2016）的研究结果，我们采用三种方法来处理这一问题。首先，

根据 Dennis 等（2000）的建议，我们并不在回归中控制与债券特征相关的变量（*LogAmount*、*LogMaturity*、*Collateral*）。这一方法与 Berger 和 Udell（1995）类似，他们在研究小公司贷款定价时也并未控制其他债务特征。类似地，Guedes 和 Opler（1996）在研究公司债务的期限问题时也采用了该种方法。通过表 5 – 8 的 A 组，我们可以看出，在剔除 *LogAmount*、*LogMaturity*、*Collateral* 这三个变量后，使用 AQ_dd、$AQ\_francis$ 或 AQ_bs 作为会计信息质量指标，会计信息质量与公司债券融资成本至少在5% 水平上显著负相关。

在第二种方法中，我们首先针对债券非价格条款（债券期限、是否有担保以及限制性契约条款）构建一个指数，然后将这个指数与会计信息质量进行相乘，以此来检验会计信息质量与公司债券融资成本的关系是否会受到这个指数的影响。如果交互项的系数在统计意义上显著，则意味着债券非价格条款会影响会计信息质量与融资成本之间的关系。考虑到期限、担保以及限制性契约条款是债务契约中最广泛使用的非价格条款（non-price terms），因而，与 Aivazian 等（2011）、Bharath 等（2011）、Rahaman 和 Al Zaman（2013）一致，我们也用期限、担保以及限制性契约条款这三个非价格条款来构建指数。[①]

为了构建这一指数，我们先将债券期限（*Maturity*）、债券担保（*Collateral*）以及限制性契约条款总数（*Covenants*）进行标准化处理，使得他们的均值为0，方差为1。这样做能使得各公司以及各债券之间更好地进行比较。之后，我们使用主成分分析法（*PCA*）来构建反映债券非价格条款的指数。我们将从主成分分析法中得到的第一主成分定义为反映债券非价格条款的指标 *PCA*。表 5 – 8 的 B 组报告了会计信息质量、非价格条款以及债券融资成本这三者之间的关系。我们发现，不论是否采用 AQ_bs、$AQ\_francis$ 或 AQ_bs 作为会计信息质量指标，公司会计信息质量与公司债券融资成本始终负相关且在5% 水平上显著。此外，*PCA* 与 *AQ* 的交互项（*PCA* ∗ *AQ*）在统计意义上并不显著，这表明会计信息质量对公司债券融资成本的影响并不会受到非价格条款的调节。

此外，我们参考 Dennis 等（2000）、Bharath 等（2011）以及 Gong 等（2016）的做法，使用联立方程模型来控制价格条款和非价格条款相互决定的影响。我们估计如下联立方程模型：

[①] 在稳健性检验中，我们也使用债券规模、债券期限、是否担保以及限制性契约条款这四个非价格条款来构建指数。结果显示，会计信息质量与公司债券融资成本之间的关系依然显著为负，而且交互项的系数在统计意义上不显著，说明债券非价格条款不太可能影响会计信息质量与债券融资成本之间的关系。出于篇幅的考虑，我们这里并未列示该结果。

$$LogSpread_{i,t} = \beta_0 + \beta_1 AQ_{i,t-1} + \beta_2 LogMaturity_{i,t} + \beta_3 Collateral_{i,t} +$$
$$\beta_4 Controls + \varepsilon_{i,t} \quad (5-4)$$

$$Collateral_{i,t} = \beta'_0 + \beta'_1 AQ_{i,t-1} + \beta'_2 LogMaturity_{i,t} + \beta'_3 Controls + \varepsilon'_{i,t}$$
$$(5-5)$$

$$LogMaturity_{i,t} = \beta'_0 + \beta'_1 AQ_{i,t-1} + \beta'_2 Collateral_{i,t} + \beta'_3 Controls + \varepsilon'_{i,t}$$
$$(5-6)$$

变量定义见表 5-1。正如 Bharath 等（2011）所述，我们假设债券期限与债券担保是相互决定的，而债券的票面利率询价过程发生在债券非价格特征已经基本确定之后，因此我们假设债券期限和债券担保会影响债券的票面利率，但是债券的票面利率不会影响债券期限和债券担保。与 Bharath 等（2011）、Rahaman 和 Al Zaman（2013），以及 Gong 等（2016）一致，我们使用公司债券发行前六个月内平均的债券信用利差作为公司债券融资成本的工具变量。Hart 和 Moore（1994）指出，公司出于降低自身风险的考虑，往往会将资产和债务的期限匹配起来。因而，针对债券期限变量，我们选择将资产期限作为它的工具变量。借鉴 Barclay 等（2003）的做法，我们通过下述公式来计算公司的资产期限：

$$\left(\frac{CA}{CA + PPE} \times \frac{CA}{COGS} \right) + \left(\frac{PPE}{CA + PPE} \times \frac{PPE}{D\&A} \right)$$

其中，CA 为流动资产，PPE 为固定资产净值，COGS 为营业成本，D&A 为折旧和摊销费用。针对担保变量（Collateral），参照 Bharath 等（2011）、Berger 和 Udell（1990），我们选择将行业平均固定资产比率和债券集中度作为 Collateral 的工具变量，债券集中度用 $\frac{Amount}{ExistingDebt + Amount}$ 加以计算。

表 5-8 的 C 组列出了使用联立方程模型之后的结果。我们发现会计信息质量与债券融资成本依旧在 10% 水平上显著负相关 [见 C 组中的第（1）至第（3）列]。综合表 5-8 中 A 组到 C 组的结果，我们发现在控制价格条款和非价格条款相互决定的影响后，本章的结论依然成立。

表 5-8 控制价格条款和非价格条款相互决定的影响

	(1)	(2)	(3)
A 组：不控制与债券特征有关的变量			
AQ_dd	-0.448** (-2.43)		
AQ_francis		-0.507*** (-4.15)	
AQ_bs			-0.483*** (-2.60)
Control for			
Firm controls	Yes	Yes	Yes
Rate	Yes	Yes	Yes
Year fixed effects	Yes	Yes	Yes
Industry fixed effects	Yes	Yes	Yes
Adjusted R^2	0.609	0.610	0.610
Observations	532	532	532
B 组：构建反映债券非价格条款的指数			
AQ_dd	-0.479** (-2.29)		
AQ_dd * PCA	-0.268 (-1.35)		
AQ_francis		-0.586*** (-3.64)	
AQ_francis * PCA		-0.144 (-0.91)	
AQ_bs			-0.515** (-2.41)
AQ_bs * PCA			-0.345 (-1.58)
PCA	-0.027 (-0.98)	-0.022 (-0.75)	-0.032 (-1.11)

续表 5-8

	(1)	(2)	(3)
Control for			
Firm controls	Yes	Yes	Yes
Rate	Yes	Yes	Yes
Year fixed effects	Yes	Yes	Yes
Industry fixed effects	Yes	Yes	Yes
Adjusted R^2	0.601	0.603	0.602
Observations	523	523	523
C 组：联立方程模型			
AQ_dd	-0.383 * (-1.71)		
AQ_francis		-0.418 * (-1.89)	
AQ_bs			-0.432 * (-1.93)
Control for			
Firm and bond controls	Yes	Yes	Yes
Rate	Yes	Yes	Yes
Year fixed effects	Yes	Yes	Yes
Industry fixed effects	Yes	Yes	Yes
Adjusted R^2	0.621	0.621	0.622
Observations	532	532	532

注：被解释变量为债券融资成本 LogSpread。每个模型均控制年度虚拟变量和行业虚拟变量。***、**、* 分别表示在1%、5%和10%的水平上显著。出于篇幅考虑，我们这里并未列出其他控制变量。

5.4 进一步研究

5.4.1 会计信息质量对非价格条款的影响

在之前的研究中，我们发现高质量的会计信息能有效降低公司债券的融资成本。如前所述，我们知道公司债券除了包括与融资成本有关的价格条款外，还包括其他非价格条款。为了更好地了解公司会计信息质量的作用,在这一小节,我们主要关注会计信息质量对债券非价格条款的影响。与之前的研究一致(Graham 等,2008;Bharath 等,2011;Gong 等,2016),我们主要关注债券期限(LogMaturity)、担保条款(Collateral)以及限制性契约条款(Covenants)这三类非价格条款。① 借鉴 Rahaman 和 Al Zaman(2013)、Gong 等(2016)的研究,我们在这三个回归中都未控制债券融资成本这一变量(LogSpread)。理由主要有以下两点:第一,债券的票面利率询价过程发生在债券非价格特征已经基本确定之后,所以债券非价格变量不太可能受到票面利率的影响;第二,在会计信息质量与非价格契约条款的回归中加入融资成本这一变量,容易产生内生性问题。

表 5-9 为会计信息质量与非价格契约条款回归结果表。A 组为会计信息质量与债券期限的回归结果。因变量为公司债券发行期限(以年为单位)的自然对数值(LogMaturity)。一般而言,公司的会计信息质量越高,说明公司的信息不对称程度越低,其发行的公司债券更容易受到投资者的追捧,因而,此类公司更有可能发行较长期限的债券。然而,在回归中,无论是 AQ_dd、$AQ\_francis$ 还是 AQ_bs,他们的回归系数均不显著,说明公司的会计信息质量对债券期限并无显著影响。

B 组为会计信息质量与债券担保的回归结果。债券担保(Collateral)为虚拟变量,若债券发行有担保,则为 1,否则为 0。因而我们使用 Probit 模型进行回归。回归结果显示,AQ_dd、$AQ\_francis$、AQ_bs 的系数都为负,但并不在统计意义上显著,说明公司的会计信息质量对债券担保并无显著影响。

C 组和 D 组为会计信息质量与限制性契约条款的回归结果。综合以往研究(Smith 和 Warner,1979;Nikolaev,2010;Armstrong 等,2010;Chava 等,2010;Reisel,2014;Gong 等,2016;2017),本研究的公司债券契约条款可以划分为融资限制条款、资产出售限制条款、与特殊事件有关的条款、与财务指标有关的条款以及与债权人公司治理有关的条款。但在此处,有以下四点需要特别说明:第一,本研究并未考虑与债权人公司治理有关的条款,其主要包括制定《债券持有人会议规则》、充分发挥债券受托管理人的作用、设立专门的偿付工作小组、严格履行信息披露义务、严格执行资金管理计划以及切实做到

---

① 除了研究会计信息质量与这三类非价格条款的关系外,我们还考察了会计信息质量与债券规模(LogAmount)之间的关系。未报告的回归结果显示,公司的会计信息质量对于债券规模不存在显著的影响。

专款专用等。本研究认为这些条款大多属于通用条款且部分条款已被《中华人民共和国证券法》明文规定，因而并不属于能够对公司施加额外约束力的实质性条款。第二，债券募集说明书中有限制关联交易这一条款，但该条款内容只涉及关联交易的披露，没有进一步明确处置和限制措施，所以我们认为其约束力有限，在本研究中不予考虑。第三，我国公司债券契约中还包括与财务指标有关的条款，如"08中联债"（代码：112002）明确规定，在本期债券存续期内最高借款余额不超过同一时点净资产的3.5倍，以及本期债券存续期内最高抵（质）押借款余额不超过同一时点净资产的2倍。包含类似条款的公司债券还有"09名流债""12隆平债""12华茂债"等。但总体上，研究样本中包含与财务指标有关的条款只占总样本的3.09%（Gong等，2016），所以在本研究中暂未考虑这一类型条款。第四，与特殊事件有关的条款主要指当债券预期违约时，不得向股东分配利润、调减或停发董事和高级管理人员的薪酬、暂缓重大对外投资以及主要责任人不能调离等。这些特殊事件条款大多为标准化条款，几乎每一只公司债券的募集说明书中都会包含上述条款。此外，这些与特殊事件有关的条款大都为事后补救性（陈超和李镕伊，2014），如不向股东分配利润这一限制只有当债券预期违约时才能发挥作用。考虑到我国仅有少数发债公司面临债券预期违约的可能，即到期无法偿还本金利息，因而这一类条款对发债公司的约束力有限。基于以上的分析，我们这里只考虑融资限制条款和资产出售限制条款。

对于融资限制条款，国外文献包括限制发行优先股或普通股、限制发行优先级或次级债务等，由于中国债券契约条款内容较为单一，因而本章中的融资限制条款专指担保限制和抵押、质押限制条款。资产出售限制条款主要是指除正常经营活动需要外，发行人不得出售任何资产。与Gong等（2016）一致，我们将融资限制条款与资产出售限制条款加总来计算总的限制性契约条款数目，并将其定义为 *Covenants*。由于C组中的因变量为条款数目，是正整数，因而我们使用泊松（Poisson）回归。出于稳健性的考虑，在D组中，我们还使用OLS回归来检验会计信息质量与限制性契约条款之间的关系。回归结果显示，不论是使用Poisson回归或OLS回归，$AQ\_francis$ 的系数均在5%水平上显著为负。尽管 AQ_bs 的系数在两个回归中都要小于 $AQ\_francis$ 的系数，但重要的是，AQ_bs 与限制性契约条款数量在10%水平上显著负相关。而 AQ_dd 的系数为负但在统计意义上并不显著。总体而言，会计信息质量越好的公司发行的公司债券，限制性契约条款数目越少。该结论与之前的文献是一致的（Graham等，2008；Kim等，2011；Hasan等，2012；Chen等，2016），即当公司的信息环境越差时,越倾向于使用限制性契约条款。

表5-9 会计信息质量与非价格契约条款回归结果

	(1)	(2)	(3)
A组:OLS:*LogMaturity*			
AQ_dd	-0.053 (-0.39)		
$AQ\_francis$		-0.073 (-0.62)	
AQ_bs			-0.024 (-0.18)
Control for			
Firm and bond controls	Yes	Yes	Yes
Rate	Yes	Yes	Yes
Year fixed effects	Yes	Yes	Yes
Industry fixed effects	Yes	Yes	Yes
Observations	532	532	532
B组:Probit:*Collateral*			
AQ_dd	-0.500 (-0.28)		
$AQ\_francis$		-0.817 (-0.42)	
AQ_bs			-0.679 (-0.38)
Control for			
Firm and bond controls	Yes	Yes	Yes
Rate	Yes	Yes	Yes
Year fixed effects	Yes	Yes	Yes
Industry fixed effects	Yes	Yes	Yes
Observations	532	532	532

续表 5-9

	(1)	(2)	(3)
C 组：Poisson：*total covenants*			
AQ_ dd	-0.726		
	(-0.69)		
AQ_ francis		-2.162**	
		(-2.40)	
AQ_ bs			-0.671**
			(-1.98)
Control for			
Firm and bond controls	Yes	Yes	Yes
Rate	Yes	Yes	Yes
Year fixed effects	Yes	Yes	Yes
Industry fixed effects	Yes	Yes	Yes
Observations	523	523	523
D 组：OLS：*total covenants*			
AQ_ dd	-0.394		
	(-0.61)		
AQ_ francis		-1.420**	
		(-1.96)	
AQ_ bs			-0.383*
			(-1.68)
Control for			
Firm and bond controls	Yes	Yes	Yes
Rate	Yes	Yes	Yes
Year fixed effects	Yes	Yes	Yes
Industry fixed effects	Yes	Yes	Yes
Observations	523	523	523

注：变量定义见表 5-1。每个模型均控制年度虚拟变量和行业虚拟变量。***、**、* 分别表示在 1%、5% 和 10% 的水平上显著。出于篇幅考虑，我们这里并未列出其他控制变量。

5.4.2 横截面分析

在前面部分，我们得出会计信息质量能降低公司债券融资成本这一结论，并从多个角度进行了内生性检验。下面，我们分别从公司的产权性质和信息不对称角度出发，对上述结果分情景进行分析，以便于我们进一步理解会计信息质量在债券发行时所发挥的作用。

5.4.2.1 产权性质

我们首先考虑公司产权性质对本书结论的影响。方红星等（2013）发现，上市公司自愿披露内部控制鉴证报告能够降低公司债券的融资成本，但这一作用只在非国有企业中显著。为了验证产权性质在本研究中的作用，我们采用了分样本检验的方法，分别对国有企业（SOE）和非国有企业（NSOE）这两组样本进行回归。表5-10表明，在国有企业样本中，无论使用 AQ_dd、$AQ\_francis$，还是 AQ_bs 作为会计信息质量指标，企业的会计信息质量与公司债券融资成本均在1%水平上显著负相关。但是，在非国有企业样本中，只有 $AQ\_francis$ 的系数显著为负，AQ_dd 以及 AQ_bs 与债券融资成本并无显著相关关系。同时，国企样本中会计信息质量回归系数的绝对值［见第（1）至第（3）列］均要大于非国企样本［见第（4）至第（6）列］。此外，我们还使用Chow来检验回归系数在这两组样本中是否有差异，检验结果表明，两组样本中 AQ_dd 对债券融资成本的影响存在显著的差异［$Chi2(1) = 17.68$；$P-value = 0.00$］；AQ_bs 的系数在这两组样本中也存在显著的差异［$Chi2(1) = 10$；$P-value = 0.00$］；但 $AQ\_francis$ 的系数在这两组样本中没有显著差异［$Chi2(1) = 1.87$；$P-value = 0.17$］。总体而言，会计信息质量与公司债券融资成本的负相关关系在国有企业中更为显著。这一结论与方红星等（2013）的发现并不一致，我们认为可能有两种原因。第一，样本区间不一致。我们的样本区间为2007—2015年，而方红星等（2013）的样本区间为2007—2011年。第二，信息质量的度量不一致。我们使用传统的应计模型来计算公司的会计信息质量，而方红星等（2013）使用自愿披露正面意见的内控鉴证报告作为信息质量的代理指标。

表 5-10　不同产权性质下会计信息质量与债券融资成本的分样本检验结果

变量	国有企业			非国有企业		
	(1)	(2)	(3)	(4)	(5)	(6)
AQ_dd	-0.785*** (-3.11)			-0.240 (-0.97)		
AQ_francis		-0.668*** (-3.47)			-0.436** (-2.04)	
AQ_bs			-0.792*** (-3.03)			-0.305 (-1.16)
Size	-0.054** (-2.16)	-0.058** (-2.34)	-0.054** (-2.18)	-0.041 (-0.61)	-0.040 (-0.60)	-0.040 (-0.61)
Lev	-0.045 (-0.42)	-0.034 (-0.31)	-0.046 (-0.44)	0.081 (0.56)	0.084 (0.55)	0.082 (0.56)
ROA	-1.663*** (-3.73)	-1.536*** (-3.10)	-1.665*** (-3.75)	-1.046 (-1.38)	-0.990 (-1.26)	-1.071 (-1.42)
TobinQ	-0.012* (-1.71)	-0.011 (-1.48)	-0.012* (-1.81)	-0.045*** (-3.25)	-0.042*** (-2.83)	-0.044*** (-3.20)
Z_score	-0.001*** (-10.04)	-0.001*** (-11.37)	-0.001*** (-10.68)	-0.001 (-1.10)	-0.001 (-1.20)	-0.001 (-1.10)
LogAmount	-0.021 (-0.41)	-0.018 (-0.36)	-0.021 (-0.41)	-0.053*** (-3.03)	-0.056*** (-3.34)	-0.054*** (-3.03)
LogMaturity	-0.039 (-0.99)	-0.042 (-1.05)	-0.036 (-0.92)	-0.113 (-0.88)	-0.110 (-0.87)	-0.114 (-0.89)
Put	-0.069 (-1.53)	-0.069 (-1.58)	-0.069 (-1.52)	0.053 (0.56)	0.054 (0.56)	0.052 (0.55)
Collateral	0.103* (1.89)	0.103* (1.91)	0.102* (1.88)	0.085 (1.31)	0.080 (1.22)	0.084 (1.29)
Big4	-0.039 (-1.30)	-0.036 (-1.24)	-0.040 (-1.35)	-0.286*** (-2.73)	-0.284*** (-2.76)	-0.285*** (-2.72)
Toptier	-0.077** (-2.08)	-0.076** (-2.13)	-0.077** (-2.06)	-0.094*** (-5.16)	-0.091*** (-5.09)	-0.093*** (-5.08)

续表 5-10

变量	国有企业			非国有企业		
	(1)	(2)	(3)	(4)	(5)	(6)
Boardsize	0.044 (0.62)	0.049 (0.69)	0.042 (0.60)	-0.310* (-1.68)	-0.319 (-1.65)	-0.314* (-1.68)
Indepratio	0.140 (0.42)	0.140 (0.42)	0.131 (0.41)	0.008 (0.02)	-0.010 (-0.03)	-0.000 (-0.00)
Dual	-0.056 (-1.18)	-0.057 (-1.11)	-0.054 (-1.15)	0.051 (1.02)	0.047 (1.01)	0.050 (1.02)
Rate	-0.204*** (-6.40)	-0.208*** (-6.08)	-0.204*** (-6.47)	-0.152*** (-5.32)	-0.150*** (-4.90)	-0.151*** (-5.23)
Constant	2.887*** (3.43)	2.938*** (3.80)	2.911*** (3.45)	4.596** (2.22)	4.639** (2.24)	4.621** (2.22)
Year	Yes	Yes	Yes	Yes	Yes	Yes
Industry	Yes	Yes	Yes	Yes	Yes	Yes
Observations	312	312	312	220	220	220
Adjusted R^2	0.687	0.685	0.687	0.416	0.419	0.417

注：被解释变量为公司债券融资成本 LogSpread。每个模型均控制年度虚拟变量和行业虚拟变量。***、**、* 分别表示在1%、5%和10%的水平上显著。

5.4.2.2 主承销商声誉

接下来，我们考察债券主承销商声誉对本章结论的影响。高声誉的主承销商一方面能够降低发债公司和债券投资者之间的信息不对称水平，另一方面能起到信号作用，使得投资者更认可由高质量的主承销商所承销的公司债券。在这种情况下，公司会计信息质量的提高对降低公司债券融资成本的作用不大。相反，在主承销商声誉较低组中，投资者很难通过主承销商来直接或间接了解发债公司的经营情况。在这种情况下，如果公司主动地对外披露相关信息或提高公司的信息质量，则能在很大程度上缓解公司"融资贵"的问题。因而，我们预期会计信息质量对于债券融资成本的影响应该在主承销商声誉较低时更为显著。为了验证这一预期，我们采用了分样本检验的方法，分别对主承销商声誉较低组和主承销商声誉较高组这两组样本进行回归分析。我们根据主承销商的债券承销家数排名划分，将排在前20%的主承销商定义为主承销商声誉较高组,其余为主承销商声誉较低组。① 分组回归结果见表 5-11。可以看出,第 (1) 至第 (3) 列中回归系数的显著水平和绝对值均高于第 (4) 至第 (6) 列中的回归系数,说明本书的主要结论在主承销商声誉较低组更为显著。此外,我们还对会计信息质量的回归系数进行了 Chow 检验。结果表明,两组样本中会计信息质量对债券融资成本的影响存在显著差异。

表 5-11 不同承销商声誉下的会计信息质量与债券融资成本的分样本检验结果

变量	主承销商声誉较低组			主承销商声誉较高组		
	(1)	(2)	(3)	(4)	(5)	(6)
AQ_dd	-0.544*** (-4.49)			-0.017 (-0.04)		
AQ_francis		-0.554*** (-4.49)			-0.015 (-0.06)	
AQ_bs			-0.581*** (-4.31)			-0.026 (-0.06)
Size	-0.018 (-0.62)	-0.022 (-0.73)	-0.018 (-0.61)	-0.070*** (-2.85)	-0.070*** (-2.84)	-0.070*** (-2.76)
Lev	-0.002 (-0.01)	0.008 (0.05)	-0.003 (-0.02)	0.416 (1.27)	0.416 (1.28)	0.416 (1.28)
ROA	-1.195* (-1.65)	-1.061 (-1.42)	-1.202* (-1.67)	0.140 (0.13)	0.142 (0.13)	0.138 (0.13)
TobinQ	-0.009 (-0.54)	-0.010 (-0.59)	-0.009 (-0.54)	-0.054 (-1.12)	-0.054 (-1.14)	-0.054 (-1.11)
Z_score	-0.001*** (-3.37)	-0.001*** (-3.26)	-0.001*** (-3.19)	0.001 (0.09)	0.001 (0.08)	0.001 (0.09)
SOE	-0.240** (-2.20)	-0.237** (-2.16)	-0.239** (-2.19)	-0.262*** (-3.12)	-0.262*** (-3.16)	-0.262*** (-3.10)

---

① 在稳健性检验中,我们还分别根据主承销商的总资产和主承销商的债券承销金额来定义主承销商声誉。结果表明,会计信息质量对于债券融资成本的影响在主承销商声誉较低组中更为显著。出于篇幅的考虑,我们这里并未列出该结果。

续表 5-11

变量	主承销商声誉较低组			主承销商声誉较高组		
	(1)	(2)	(3)	(4)	(5)	(6)
LogAmount	-0.043	-0.040	-0.044	-0.018	-0.018	-0.018
	(-0.73)	(-0.71)	(-0.74)	(-0.26)	(-0.27)	(-0.26)
LogMaturity	-0.074	-0.077	-0.073	0.026	0.027	0.027
	(-1.21)	(-1.24)	(-1.20)	(0.29)	(0.29)	(0.29)
Put	-0.043	-0.038	-0.042	-0.098*	-0.098*	-0.098*
	(-1.46)	(-1.32)	(-1.43)	(-1.76)	(-1.75)	(-1.75)
Collateral	0.125*	0.123*	0.124*	0.173*	0.173*	0.173*
	(1.91)	(1.91)	(1.92)	(1.68)	(1.67)	(1.68)
Big4	-0.129	-0.125	-0.129	-0.167***	-0.167***	-0.167***
	(-1.59)	(-1.57)	(-1.60)	(-2.77)	(-2.64)	(-2.72)
Boardsize	-0.056	-0.053	-0.058	0.001	0.001	0.001
	(-0.38)	(-0.36)	(-0.40)	(0.01)	(0.01)	(0.01)
Indepratio	0.201	0.202	0.196	1.261*	1.260*	1.259
	(0.37)	(0.38)	(0.36)	(1.67)	(1.81)	(1.66)
Dual	-0.025	-0.025	-0.025	0.150**	0.149**	0.150**
	(-0.49)	(-0.52)	(-0.49)	(2.15)	(2.16)	(2.20)
Rate	-0.213***	-0.213***	-0.213***	-0.229***	-0.229***	-0.229***
	(-8.18)	(-7.74)	(-8.25)	(-4.08)	(-4.18)	(-4.06)
Constant	2.838***	2.851***	2.850***	2.545**	2.546**	2.544**
	(2.82)	(2.95)	(2.83)	(2.23)	(2.31)	(2.22)
Year	Yes	Yes	Yes	Yes	Yes	Yes
Industry	Yes	Yes	Yes	Yes	Yes	Yes
Observations	408	408	408	124	124	124
Adjusted R^2	0.593	0.593	0.593	0.614	0.614	0.614

注：被解释变量为公司债券融资成本 LogSpread。每个模型均控制年度虚拟变量和行业虚拟变量。***、**、* 分别表示在1%、5%和10%的水平上显著。

5.4.2.3 交叉上市

在信息不对称程度较高的公司中，提高公司的会计信息质量有助于缓解投资者与公司之间的信息不对称,使得公司在债券发行过程中获得较低的融资成本。因而,我们预期会计信息质量对于债券融资成本的影响应该在信息不对称程度较高的公司中更为显著。从前文的论述中,我们知道在我们的样本中,发债公司分为只在 A 股上市和既在 A 股上市又在香港上市这两类。为方便论述,我们这里将只在 A 股上市的公司归为非交叉上市组,而既在 A 股上市又在香港上市的公司归为交叉上市组。相对于非交叉上市组,交叉上市组中的公司由于会同时受到内地和香港两方面监管制度的约束,公司的信息不对称程度较低(辛清泉和王兵,2010;李双燕,2013;贾巧玉和周嘉南,2016)。因而,我们进一步预期会计信息质量对于债券融资成本的影响应该在非交叉上市组中更为显著。为了验证交叉上市在本章中的作用,我们采用了分样本检验的方法,分别对非交叉上市组和交叉上市组这两组样本进行回归分析,分组回归结果见表5-12。结果表明,会计信息质量与公司债券融资成本之间的负相关关系只在非交叉上市组中显著 [第 (1) 至第 (3) 列];在交叉上市组中并不显著 [第 (4) 至第 (6) 列]。此外,我们还对会计信息质量的回归系数进行 Chow 检验。结果表明,会计信息质量对公司债券融资成本的影响在这两组样本中存在显著差异。可见,本章的主要结论在非交叉上市子样本中更为显著。

表 5-12 不同监管制度下的会计信息质量与债券融资成本的分样本检验结果

变量	非交叉上市组			交叉上市组		
	(1)	(2)	(3)	(4)	(5)	(6)
AQ_dd	-0.450** (-2.23)			1.771 (1.39)		
AQ_francis		-0.517*** (-3.35)			-1.274 (-0.78)	
AQ_bs			-0.462** (-2.22)			1.715 (1.30)
Size	-0.025 (-1.17)	-0.024 (-1.08)	-0.025 (-1.18)	-0.084 (-0.53)	0.032 (0.22)	-0.072 (-0.45)
Lev	0.012 (0.08)	0.006 (0.04)	0.013 (0.09)	0.581* (1.92)	0.309 (1.64)	0.533 (1.51)
ROA	-1.222** (-2.04)	-1.094* (-1.82)	-1.222** (-2.06)	-2.065 (-0.73)	-2.665 (-1.14)	-2.182 (-0.76)
TobinQ	-0.027*** (-3.05)	-0.027*** (-3.23)	-0.027*** (-3.06)	0.021 (0.66)	0.034 (0.80)	0.025 (0.83)

续表 5-12

变量	非交叉上市组			交叉上市组		
	(1)	(2)	(3)	(4)	(5)	(6)
Z_score	-0.001**	-0.001**	-0.001**	0.001	0.001	0.001
	(-2.24)	(-2.31)	(-2.19)	(0.35)	(0.35)	(0.34)
SOE	-0.251**	-0.249**	-0.251**	-0.041	-0.090	-0.039
	(-2.31)	(-2.27)	(-2.31)	(-0.10)	(-0.22)	(-0.10)
$LogAmount$	-0.073	-0.072	-0.073	0.025	0.031	0.022
	(-1.53)	(-1.52)	(-1.54)	(0.23)	(0.26)	(0.20)
$LogMaturity$	-0.092	-0.092	-0.091	0.139*	0.135**	0.143*
	(-1.43)	(-1.43)	(-1.42)	(1.83)	(2.03)	(1.87)
Put	-0.057	-0.054	-0.057	0.209***	0.278***	0.210***
	(-0.96)	(-0.93)	(-0.96)	(3.96)	(4.19)	(4.33)
$Collateral$	0.117**	0.117**	0.117**	0.511***	0.469***	0.514***
	(2.05)	(2.03)	(2.05)	(4.53)	(4.25)	(4.20)
$Big4$	-0.163	-0.160	-0.163	-0.289	-0.310	-0.288
	(-1.35)	(-1.36)	(-1.34)	(-1.14)	(-1.20)	(-1.16)
$Toptier$	-0.107***	-0.109***	-0.107***	-0.014	-0.046	-0.019
	(-4.13)	(-4.16)	(-4.08)	(-0.09)	(-0.30)	(-0.12)
$Boardsize$	-0.053	-0.051	-0.055	-0.075	-0.066	-0.030
	(-0.57)	(-0.55)	(-0.59)	(-0.54)	(-0.29)	(-0.18)
$Indepratio$	0.518	0.517	0.514	-1.018*	-0.177	-0.725**
	(0.94)	(0.93)	(0.93)	(-1.88)	(-0.26)	(-2.38)
$Dual$	0.001	0.001	0.001	0.319	0.114	0.278
	(0.02)	(0.02)	(0.02)	(1.42)	(0.61)	(1.35)
$Rate$	-0.188***	-0.190***	-0.188***	-0.309	-0.504	-0.332
	(-6.26)	(-6.00)	(-6.28)	(-1.06)	(-1.61)	(-1.41)
$Constant$	3.634***	3.603***	3.643***	3.241	0.459	2.862
	(4.06)	(4.18)	(4.07)	(0.72)	(0.10)	(0.66)
Year	Yes	Yes	Yes	Yes	Yes	Yes
Industry	Yes	Yes	Yes	Yes	Yes	Yes
Observations	412	412	412	64	64	64
Adjusted R^2	0.592	0.593	0.592	0.626	0.625	0.626

注：被解释变量为公司债券融资成本 LogSpread。每个模型均控制年度虚拟变量和行业虚拟变量。 *** 、** 、* 分别表示在1%、5%和10%的水平上显著。

5.5 稳健性检验

5.5.1 针对同一家公司一年内多次发行公司债券的处理

考虑到我们的样本中包含有同一家公司一年内发行了多只公司债券的情形，针对这一情况，我们进行了以下三种处理。第一，根据 Ge 和 Kim（2014）的研究，对由同一家公司在同一年度发行的多只债券，将其合并进行处理。具体而言，发行金额求和计算，发行期限和利率按发行金额加权计算，① 进而重新对所有样本进行回归分析。从表 5-13 中的 A 组可以看出，AQ_dd、$AQ\_francis$、AQ_bs 的系数仍然为负并至少在 5% 水平上显著，说明本研究结论没有发生变化。第二，借鉴陈超和李镕伊（2014）的方法，对于同一个发行人在同一年发行多只公司债券的情况，我们只保留发行人发行的第一只公司债券（按照公司债券编号区分）并重新进行回归。表 5-13 中的 B 组列出了该结果。我们发现本研究结论依然成立。第三，对于同一家公司一年内发行的多只公司债券，我们仅挑选发行金额最大的公司债券进行回归。表 5-13 中的 C 组汇报了该结果。我们发现会计信息质量与债券融资成本在 5% 水平上显著负相关。说明本研究的结论依然稳健。

表 5-13　针对同一家公司一年内多次发行公司债券的处理

	(1)	(2)	(3)
A 组：加权平均处理			
AQ_dd	-0.376**		
	(-2.21)		

---

① 例如，桂东电力（股票代码：600310）在 2012 年 4 月 16 日发行一只票面利率为 6.3%，债券规模为 6 亿元，债券期限为 7 年的公司债券，即"11 桂东 01"（债券代码：122138）。此后，桂东电力于 2012 年 6 月 20 日再次发行一只票面利率为 5.3%，债券规模为 4 亿元，债券期限为 7 年的公司债券，即"11 桂东 02"（债券代码：122145）。针对这两只公司债券，由于是同一家公司在同年发行的，因而我们对其进行加权处理，产生一只新的公司债券 C，其债券规模为 10 亿元（6+4），债券期限为 7 年（6×7/10 + 4×7/10），票面利率为 5.9%（6×6.3%/10 + 4×5.3%/10）。

续表 5-13

	(1)	(2)	(3)
AQ_francis		−0.417*** (−4.74)	
AQ_bs			−0.394** (−2.31)
Firm and bond controls	Yes	Yes	Yes
Rate	Yes	Yes	Yes
Year fixed effects	Yes	Yes	Yes
Industry fixed effects	Yes	Yes	Yes
Observations	440	440	440
Adjusted R^2	0.595	0.596	0.596

B 组：只取同一家公司一年内发行的第一只公司债券

	(1)	(2)	(3)
AQ_dd	−0.425** (−2.27)		
AQ_francis		−0.435*** (−5.52)	
AQ_bs			−0.442** (−2.43)
Firm and bond controls	Yes	Yes	Yes
Rate	Yes	Yes	Yes
Year fixed effects	Yes	Yes	Yes
Industry fixed effects	Yes	Yes	Yes
Observations	440	440	440
Adjusted R^2	0.593	0.593	0.593

C 组：只取同一家公司一年内发行的最大规模的公司债券

	(1)	(2)	(3)
AQ_dd	−0.430** (−2.10)		
AQ_francis		−0.437*** (−3.77)	
AQ_bs			−0.444** (−2.21)

续表 5-13

	(1)	(2)	(3)
Firm and bond controls	Yes	Yes	Yes
Rate	Yes	Yes	Yes
Year fixed effects	Yes	Yes	Yes
Industry fixed effects	Yes	Yes	Yes
Observations	440	440	440
Adjusted R^2	0.598	0.599	0.599

注：被解释变量为债券融资成本 *LogSpread*。每个模型均控制年度虚拟变量和行业虚拟变量。***、**、* 分别表示在 1%、5% 和 10% 的水平上显著。出于篇幅考虑，我们这里并未列出其他控制变量。

5.5.2　进一步控制债券的发行目的

考虑到募集资金的用途不同也可能会影响债券融资成本（Bharath 等，2008），因而我们使用一系列的虚拟变量来控制债券募集资金的用途（*Purpose*），结果显示原有结论并不发生改变［见表 5-14 第（1）至第（3）列］。这说明本研究结果并不是因为遗漏债券发行目的这一变量所导致。

5.5.3　对公司规模的考虑

根据表 5-2 的 Pearson 相关系数，我们知道公司规模（*Size*）与债券规模（*LogAmount*）的相关系数高达 0.78，且在 1% 显著性水平上显著。为了解决这个问题，我们在稳健性检验中没有考虑公司规模，只保留债券规模，回归结果见表 5-14 中的第（4）至第（6）列。结果发现会计信息质量与债券融资成本依旧在 1% 水平上显著负相关。

5.5.4　对数据极端值敏感性的处理

我们还考察了研究结论对数据极端值的敏感性。表 5-14 中的第（7）至第（9）列报告了采用对极端值不敏感的中位数回归得到的结果。我们发现，无论是使用哪个指标，会计信息质量与债券融资成本之间的关系至少在 10% 水平上显著为负，这说明本章的研究结论并非异常值所导致。

表 5-14 其他稳健性测试

变量	控制债券用途			减小规模变量			中位数回归			Fama 和 Macbeth 回归		
	(1)	(2)	(3)	(4)	(5)	(6)	(7)	(8)	(9)	(10)	(11)	(12)
AQ_dd	-0.421*			-0.468**			-0.480*			-0.353		
	(-2.54)			(-3.11)			(-1.75)			(-1.65)		
AQ_francis		-0.449**			-0.480**			-0.513*			-0.439*	
		(-4.69)			(-5.37)			(-2.00)			(-2.41)	
AQ_bs			-0.451**			-0.494**			-0.560*			-0.371*
			(-2.74)			(-3.24)			(-2.04)			(-1.80)
Size	-0.033*	-0.035*	-0.033*				-0.024	-0.026	-0.022	-0.097*	-0.101*	-0.096**
	(-1.92)	(-2.02)	(-1.88)				(-1.15)	(-1.25)	(-1.01)	(-2.35)	(-2.09)	(-2.37)
Lev	0.086	0.089	0.086	0.015	0.014	0.015	0.121	0.080	0.104	0.128	0.130	0.126
	(0.61)	(0.62)	(0.60)	(0.11)	(0.10)	(0.11)	(0.86)	(0.56)	(0.75)	(0.75)	(0.67)	(0.73)
ROA	-1.090*	-1.006*	-1.098*	-1.167*	-1.078*	-1.174*	-0.914	-0.802	-0.841	-1.377*	-1.298	-1.385*
	(-1.96)	(-1.73)	(-1.98)	(-2.32)	(-2.04)	(-2.35)	(-1.38)	(-1.22)	(-1.22)	(-1.88)	(-1.76)	(-1.87)
TobinQ	-0.019**	-0.019**	-0.019**	-0.012**	-0.011**	-0.012**	-0.015	-0.018	-0.017	-0.000	-0.002	-0.000
	(-3.77)	(-4.27)	(-3.76)	(-2.69)	(-2.70)	(-2.66)	(-0.71)	(-0.83)	(-0.84)	(-0.01)	(-0.06)	(-0.01)

续表 5-14

变量	控制债券用途			减小规模变量			中位数回归			Fama 和 Macbeth 回归		
	(1)	(2)	(3)	(4)	(5)	(6)	(7)	(8)	(9)	(10)	(11)	(12)
Z_score	-0.001**	-0.001**	-0.001**	-0.000**	-0.001**	-0.000**	-0.000	-0.000	-0.001	0.001	0.001	0.001
	(-3.89)	(-4.07)	(-3.67)	(-3.60)	(-3.81)	(-3.42)	(-1.28)	(-1.20)	(-1.37)	(0.60)	(0.57)	(0.60)
SOE	-0.251**	-0.249**	-0.250**	-0.253**	-0.251**	-0.253**	-0.253**	-0.252**	-0.250**	-0.148*	-0.145*	-0.148**
	(-2.66)	(-2.65)	(-2.66)	(-2.73)	(-2.71)	(-2.72)	(-5.89)	(-6.10)	(-5.96)	(-2.33)	(-2.34)	(-2.33)
LogAmount	-0.039	-0.037	-0.039	-0.062	-0.061	-0.062	-0.005	-0.008	-0.013	0.037	0.040	0.036
	(-0.75)	(-0.73)	(-0.75)	(-1.49)	(-1.52)	(-1.49)	(-0.18)	(-0.24)	(-0.46)	(1.11)	(1.12)	(1.12)
LogMaturity	-0.057	-0.058	-0.056	-0.064	-0.065	-0.063	-0.051	-0.024	-0.045	-0.191*	-0.189*	-0.191*
	(-1.01)	(-1.00)	(-1.00)	(-1.32)	(-1.31)	(-1.31)	(-0.89)	(-0.43)	(-0.84)	(-2.10)	(-2.08)	(-2.09)
Put	-0.050	-0.048	-0.050	-0.036	-0.033	-0.036	-0.033	-0.039	-0.033	0.077	0.083	0.077
	(-1.33)	(-1.28)	(-1.32)	(-1.04)	(-0.97)	(-1.03)	(-0.85)	(-1.07)	(-0.87)	(0.96)	(1.03)	(0.95)
Collateral	0.136*	0.134*	0.135*	0.142*	0.141*	0.141*	0.113**	0.110**	0.112**	0.150*	0.153*	0.151*
	(2.12)	(2.11)	(2.12)	(2.26)	(2.26)	(2.26)	(2.94)	(2.75)	(2.72)	(2.26)	(2.28)	(2.27)
Big4	-0.124*	-0.123*	-0.124*	-0.145*	-0.145*	-0.145*	-0.094*	-0.104*	-0.101*	-0.017	-0.009	-0.017
	(-2.00)	(-2.00)	(-2.01)	(-2.51)	(-2.54)	(-2.54)	(-2.09)	(-2.29)	(-2.09)	(-0.18)	(-0.09)	(-0.19)
Toptier	-0.092**	-0.092**	-0.092**	-0.098**	-0.099**	-0.098**	-0.143**	-0.146**	-0.137**	-0.036	-0.037	-0.036
	(-4.47)	(-4.39)	(-4.43)	(-3.47)	(-3.45)	(-3.45)	(-4.11)	(-4.12)	(-4.06)	(-0.89)	(-0.91)	(-0.89)

续表 5-14

变量	控制债券用途			减小规模变量			中位数回归			Fama 和 Macbeth 回归		
	(1)	(2)	(3)	(4)	(5)	(6)	(7)	(8)	(9)	(10)	(11)	(12)
Boardsize	-0.033	-0.033	-0.035	-0.052	-0.053	-0.054	-0.002	-0.033	-0.010	0.025	0.015	0.022
	(-0.47)	(-0.48)	(-0.49)	(-0.78)	(-0.82)	(-0.81)	(-0.02)	(-0.30)	(-0.09)	(0.78)	(0.45)	(0.69)
Indepratio	0.311	0.299	0.308	0.277	0.266	0.274	0.424	0.267	0.425	0.629*	0.589*	0.621*
	(0.71)	(0.69)	(0.71)	(0.66)	(0.64)	(0.65)	(1.25)	(0.87)	(1.30)	(1.98)	(1.89)	(1.96)
Dual	0.017	0.015	0.017	0.020	0.019	0.020	-0.034	-0.042	-0.043	0.010	0.005	0.009
	(0.51)	(0.46)	(0.51)	(0.68)	(0.63)	(0.69)	(-0.60)	(-0.74)	(-0.73)	(0.27)	(0.12)	(0.26)
Rate	-0.208**	-0.208**	-0.208**	-0.220**	-0.221**	-0.220**	-0.214**	-0.208**	-0.213**	-0.181**	-0.181**	-0.181***
	(-8.10)	(-7.79)	(-8.12)	(-10.56)	(-10.17)	(-10.53)	(-7.45)	(-7.29)	(-7.32)	(-4.50)	(-4.36)	(-4.50)
Constant	3.149**	3.186**	3.150**	2.999**	3.021**	3.005**	2.232**	2.432**	2.326**	2.684**	2.724**	2.686***
	(4.49)	(4.64)	(4.50)	(3.30)	(3.43)	(3.31)	(3.39)	(3.82)	(3.83)	(3.69)	(3.59)	(3.69)
Purpose	Yes	Yes	Yes	No	No	No	No	No	No	No	No	No
Year	Yes	Yes	Yes	Yes	Yes	Yes	Yes	Yes	Yes	Yes	Yes	Yes
Industry	Yes	Yes	Yes	Yes	Yes	Yes	Yes	Yes	Yes	Yes	Yes	Yes
Observations	532	532	532	532	532	532	532	532	532	532	532	532
Adjusted /Pseudo /Avg. R^2	0.622	0.622	0.622	0.624	0.624	0.624	0.441	0.442	0.442	0.798	0.799	0.798

注：变量定义见表 5-1；被解释变量为债券融资成本 LogSpread。每个模型均控制年度虚拟变量和行业虚拟变量。***、**、* 分别表示在 1%、5% 和 10% 的水平上显著。

5.5.5 使用 Fama 和 Macbeth（1973）的回归方法

此外，我们还采用经典的 Fama 和 Macbeth（1973）的回归分析方法，回归结果见表 5-14 中第（10）至第（12）列。我们发现，$AQ\_francis$ 和 AQ_bs 的回归系数分别在 5% 和 10% 水平上显著为负，而 AQ_dd 的回归系数也为负且接近显著。说明采用 Fama 和 Macbeth（1973）方法后，回归结果仍然支持前文的研究结论。

5.6　本章小结

随着我国公司债券市场的不断发展壮大，债券市场融资对于公司而言也越来越重要。会计信息作为外界了解企业真实情况的一种重要的信息来源，受到投资者极大的关注。而高质量的会计信息有利于降低投资者与公司之间的信息不对称。本章就会计信息在公司债券市场中的作用进行了初步探讨，主要研究债券发行时会计信息质量所起到的作用。我们选取了 2007—2015 年在沪、深证券交易所公开发行的公司债券作为我们的初始研究样本，基于应计项目操控模型，我们发现，公司的会计信息质量越高，越有利于投资者对公司价值做出更准确的估计，进而降低公司债券的融资成本。可见，债券投资者能够识别债券发行方会计信息质量的好坏，并针对会计信息质量较差的公司，索要相应的风险补偿。针对研究的内生性问题，我们认为主要来源于以下三方面：遗漏变量（omitted variables）导致的内生性问题、反向因果（reverse causality）导致的内生性问题以及价格条款和非价格条款相互决定导致的内生性问题。我们使用两阶段处理效应模型以及加入额外控制变量来处理前两种内生性问题；针对第三种内生性问题，我们使用了三种方法进行处理。

在进一步研究中，我们还考察了会计信息质量与债券期限、债券担保以及限制性契约条款等非价格条款之间的关系。结果显示，公司的会计信息质量对债券期限、债券是否担保并无显著影响；但会计信息质量与限制性契约条款显著负相关，即会计信息质量越好的公司发行的公司债券，限制性契约条款数目越少。此外，我们还将样本划分为国有企业和非国有企业，但会计信息质量与债券融资成本之间的负相关关系只在国有企业中成立。针对主承销商声誉的不同，我们通过分组回归，发现只有在主承销商声誉较低组中，公司会计信息质量的提高才能降低公司债券的融资成本。本章同时发现，相比于交叉上市公司，在非交叉上市组中，公司会计信息质量的提高对降低债券融资成本的作用更大。

本章的研究具有重要的理论贡献和现实意义。在理论上，本章从公司债券融资成本这一角度讨论了会计信息质量在降低公司和投资者之间信息不对称上的重要作用，丰富了会计信息质量经济后果方面的文献。在现实意义上，本研究表明，目前国内债券市场的投资者会关注公司的会计信息质量，针对信息披露不完全或会计信息质量较差的公司，投资者可以通过索要较高的风险溢价等市场手段来对此类公司进行约束。

第 6 章
会计信息质量与公司债券二级市场定价：上市首日抑价率

本章主要研究发债公司的会计信息质量对公司债券二级市场定价的影响。具体而言，我们研究会计信息质量对公司债券上市首日抑价率的影响，即讨论投资者是否看重债券发行后公司的会计信息质量以及在哪种条件下更为重视。本章首先分析会计信息质量与公司债券抑价率关系的理论基础，并依此提出相应假设。接着，在第二部分对研究样本、涉及的主要变量和实证研究模型等进行说明。在第三部分给出实证研究结果，并进行详细的讨论和分析。同时，在第四部分进行进一步研究。此外，我们还在第五部分进行了稳健性检验。最后，在第六部分进行本章小结。

6.1 理论分析与研究假设

在公司首次公开发行股票（initial public offerings，简称 IPO）的过程中，信息不对称问题会导致投资者难以对公司的实际价值进行准确的判断（陈胜蓝，2010）。Stoll 和 Curley（1970）的研究较早发现资本市场中新股上市交易首日出现系统的抑价现象，即新股上市首日在股票市场上的收盘价格远远高于其发行价格，一般被称为 IPO 抑价或首日超额收益。郭泓和赵震宇（2006）指出，判断 IPO 定价是否合理的主要方法是对比股票的发行价格与首日收盘价格。如果二者差距不大，则说明发行价格相对合理。而过高的发行价格可能会导致发行失败，但过低的发行价格又会损害发行人和承销商的利益。因此，降低上市首日抑价率是公司追求的目标。从之前的研究中（Dechow 等，2010；朱红军等，2013），我们知道会计信息质量的高低对于投资者价格判断的准确性有着至关重要的影响。那么改善公司信息环境能否有效降低 IPO 抑价率，便成为学者们关注的热点话题。

国外文献针对IPO抑价现象提出了多种理论模型，如信号理论（Allen和Faulhaber，1989；Grinblatt和Hwang，1989；Welch，1989）、"赢家诅咒"理论（Rock，1986）、诉讼规避理论（Tinic，1988）以及控制权理论（Booth和Chua，1996）等。① 其中，对会计信息质量与抑价率关系的考察主要是基于信息不对称理论（Rock，1986；Cai、Helwege和Warga，2007；Zheng和Stangeland，2007）。根据传统信息不对称理论，在信息不对称较为严重的情况下，发行公司往往通过降低发行价格来确保发行成功，进而导致股票出现较高的抑价率。而高质量的会计信息能够有效缓解信息不对称问题，进而降低IPO首日抑价率。Jog和McConomy（2003）研究表明，相对于没有披露盈利预测的公司，自愿披露盈利预测的IPO公司，其上市首日股票抑价率较低，但这一关系只在规模较小的公司中显著。Schrand和Verrecchia（2005）发现，如果IPO企业在上市前频繁地进行信息披露，其上市首日的抑价率较低。Leone、Rock和Willenborg（2007）检验了发行企业在招股公告书中对募集资金用途的披露与上市首日抑价率之间的关系。他们发现，自愿披露募集资金用途的公司，其IPO抑价率普遍较低。Willenborg和McKeown（2000）研究表明，如果审计师对公司出具了持续经营的审计意见（going-concern audit opinions），则该公司上市首日的抑价率较低。这是因为审计师在出具审计报告的同时已经向市场释放了关于该公司的相关信息，使得投资者能够据此信息对公司股价进行合理估计。Boulton等（2011）基于跨国研究的视角，关注会计信息质量的跨国差异能否解释首日回报的跨国差异。与之前的结论一致，他们的发现表明国家层面的会计信息质量与IPO抑价率之间存在显著的负相关关系。

此外，不少学者也基于中国的制度背景对上述问题进行了探讨。陈胜蓝（2010）发现，操控性应计越高的公司，其IPO抑价率反而越低。徐浩萍和陈超（2009）的研究表明，较高的操控性应计降低了每股盈余与IPO首日回报之间的正相关关系。Lin和Tian（2012）、陈亮（2014）讨论了会计稳健性与IPO抑价率之间的关系，发现会计稳健性越高的公司，IPO抑价率越低；并且上述负向关系在信息不对称较高的公司中更为显著。

从上述分析中可以看出，已经有大量文献在研究上市首日的抑价率问题，但是绝大部分文献都是围绕股票市场的IPO抑价。考虑到股票市场和公司债券市场的差异，如市场规模、市场流动性等，股票市场上得到的结论能否复制到

---

① Cai等（2007）针对美国公司债券市场中的抑价现象，还提出了流动性模型（liquidity model），但他们的实证检验并未支持这一模型。

债券市场上还有待进一步考察（Liu 和 Magnan，2014；Cai、Helwege 和 Warga，2007）。股票市场上投资者的收益风险函数是对称的，投资者既享受股票上涨所带来的所有收益，也承担股票下跌所带来的所有损失。而债券投资者的收益风险函数是非对称的，即投资人能从债券中获得的收益上限是契约中所约定的票面利率，但其承担的损失并没有下限限制。如果债券到期面临违约，则债券投资者可能无法收回本金和利息。因而，相对于股票投资者，债券投资者更加关注公司的会计信息质量（Ball 等，2008）。他们希望投资高会计信息质量公司所发行的公司债券，因为发债公司良好的信息环境会让他们做出对公司真实价值更为准确的估计，以此降低投资失败的可能性。

到目前为止，仅有少量文献研究公司债券的抑价率问题。Wasserfallen 和 Wydler（1988）研究了瑞士的债券市场，发现抑价现象也普遍存在于瑞士的债券市场中。Datta 等（1997）研究表明，相比于投资级债券，投机级债券的价值更容易被低估，出现抑价现象。之所以出现这种现象，主要是因为投资级债券一般是由上市企业发行或者声誉较高的承销商承销，因此其发行价格容易被高估；而投机级债券（如垃圾债券）往往由非上市公司发行或者低声誉承销商承销，其发行价格往往被低估。Cai 等（2007）研究了美国的公司债券市场，他们将信用评级作为信息风险的替代指标，发现信用评级较差的债券发行方，其公司债券抑价率较高。吕怀立等（2016）研究表明，发债公司的盈余持续性越高，债券的发行抑价水平越低。本研究主要考察中国的公司债券市场，我们预期公司的会计信息质量越高，外部投资者越能准确地评估公司内在价值，并给予公司债券合理的票面利率，从而降低公司债券上市首日抑价率。[①] 反之，如果公司债券的票面利率设定过高，该债券上市后必然会受到投资者的大力追捧，使得其抑价率较高；而如果发债公司将公司债券的票面利率设定过低，那很可能会导致公司债券发行失败。据此，我们提出如下假设。

假设 H1：在其他条件不变的情况下，公司的会计信息质量越高，上市首日

---

① 这里需要说明的是，公司债券抑价率的计算方法与股票抑价率的计算方法是有差异的。股票 IPO 的价格是由企业向投资者询价后与承销商共同决定的，因此每只股票的发行价格都是不同的。但到目前为止，我国所有的公司债券都是平价发行，即每张面值为 100 元。因而我们在计算公司债券抑价率的时候，只需比较债券首日收盘价格与 100 元的大小。如果债券首日收盘价大于 100 元，则可以初步判断该公司债券存在抑价现象。但是更严格地说，我们应该使用经市场调整后的公司债券上市首日的异常回报率来判断公司债券是否存在抑价现象以及衡量抑价程度的高低。之后，我们会在"变量度量"中对这部分内容进行详细阐述。

公司债券抑价率越低。

根据假设H1,我们预期如果发债公司的会计信息质量较差,则公司债券上市首日的抑价率较高。那么发债公司是否会考虑通过其他方式来降低由于公司会计信息质量较差带来的抑价率较高这一负面影响?翁宵暐等(2014)认为IPO公司可以通过聘请高声誉的承销商或审计师,雇用管理能力较强的经理人来向市场传递积极的信号。在假设H2中我们主要关注承销商这一信息中介在降低信息不对称中的作用。

Brau和Fawcett(2006)、Kim等(2010)已经证明,高声誉的承销商能减少公司与投资者之间的信息不对称,降低公司的资本成本(Carter和Manaster,1990)。Jo等(2007)的研究表明,在股票增发过程中,承销商的声誉越高,发行方的盈余管理程度越弱。Lee和Masulis(2011)进一步证实,高声誉的承销商通过降低发行公司的盈余管理来维持其高声誉。Chen等(2013)专门研究了中国的IPO企业,发现高声誉的承销商能降低非国有企业的盈余管理水平,但这一关系在国有企业中并不显著。此外,聘请高声誉的承销商还具有信号作用。Booth和Smith(1986)提出了承销商的认证理论(certification theory)。该理论认为,承销商的声誉能够帮助其获得投资者的认可,进而相信其所传递和认证的信息的可靠性。所以一般而言,承销商的声誉越高,投资者越愿意接受和认可其提供的IPO价格。Brau和Fawcett(2006)采访了许多公司的首席财务官(CFO),他们都一致认可聘请知名的承销商能向市场释放积极的信号。Titman和Trueman(1986)的研究表明,相比资质较差的公司,资质较好的公司更愿意也更容易邀请到高声誉的承销商。如果公司债券是由高声誉的承销商承销的,那也能在一定程度上向市场释放发债公司为高质量公司的信号。Carter和Manaster(1990)、Megginson和Weiss(1991)以及Michaely和Shaw(1994)都发现,聘用高声誉的承销商能够显著降低股票抑价率。当发债公司的信息环境较差,投资者无法了解公司的真实情况时,聘请高质量的承销商一方面能降低公司与投资者之间的信息不对称,另一方面也具有信号传递作用。高声誉的承销商往往会通过各种严格的标准来筛选发债公司,投资者在无法直接获取公司内部信息时,仍可以通过对承销商声誉的判断来间接评估公司的价值。因而,我们预期当公司的会计信息质量较差时,高声誉的主承销商所承销的公司债券的上市首日抑价率较低。据此,我们提出假设H2。

假设H2:在其他条件不变的情况下,聘请高声誉的主承销商能弱化会计信息质量与债券抑价率之间的负相关关系。

在假设H2中,我们主要关注承销商在降低信息不对称中的作用。在接下来的假设中,我们关注审计师在公司债券上市交易中的作用。审计作为重要的信息中介方,会在很大程度上影响 IPO 抑价率(胡丹和冯巧根,2013)。部分研究指出,上市前审计通过降低投资者面临的信息不对称,进而降低 IPO 抑价率。Willenborg(1999)认为,审计的一个核心功能就是对公司的财务状况发表真实、独立的审计意见。Carpenter 和 Strawser(1971)发现承销商出于发行价格的考虑,往往会建议客户选择高声誉的审计师事务所。Holland 和 Horton(1993)以英国的 IPO 市场为对象进行研究,他们发现,公司上市前聘请的会计师事务所的审计质量越高,IPO 抑价率越低。Beatty(1989)发现,会计师事务所声誉与 IPO 抑价率之间的负向关系也存在于美国 IPO 市场中。王兵等(2009)立足于中国的 IPO 市场,研究实施询价后的审计师声誉对 IPO 定价的影响。他们发现,审计师声誉越高,股票抑价率越低。王成方和刘慧龙(2014)使用中国数据也发现了类似结论。此外,也有文献指出,投资者往往将高质量审计视为反映公司内在价值的一种正面信号,审计师声誉越高,IPO 抑价率也越高。Titman 和 Trueman(1986)、Datar 等(1991)指出,公司聘请高质量的审计师进行审计需要支付更高的费用,并接受更加严格的审计标准。因此,只有那些本身资质较好的公司才更倾向于聘请高质量的审计师,并愿意为此支付额外的费用。而持续聘用高质量的审计师会向市场传递出积极的信号,推动其股价出现较大幅度的上涨。此时,审计质量越高,IPO 抑价率也越高。胡丹和冯巧根(2013)的研究也证实了这一观点,他们发现上市前审计在新股发行时会发挥信号作用,审计质量的提高也会伴随 IPO 抑价率的上升。

但总体而言,大部分文献还是支持声誉假说,即高声誉的审计师能降低 IPO 抑价率。本研究立足于中国的公司债券市场,从理论上分析,当公司首次发行公司债券时,发行方与债券投资者之间的信息不对称问题十分严重。在这种情况下,投资者往往需要聘请高质量的审计师来降低这种信息不对称。首先,高声誉审计师能更好地验证财务信息的可靠性(王兵等,2009)。而审计师声誉所带来的信息不对称问题的缓解能够使得公司债券的定价更加准确,从而降低公司债券上市首日的抑价率。其次,由于信息不对称的广泛存在,除了公司披露的信息外,投资者可能还需要通过其他途径(如分析师报告、媒体报道等)来获取信息,而这些信息收集行为会给投资者带来额外的搜寻成本。聘请高声誉的审计师能有效减少投资者的监督成本,使得债券投资者愿意接受票面利率较低的公司债券,降低首日抑价水平。基于此,我们提出假设 H3。

假设 H3:在其他条件不变的情况下,聘请高声誉的审计师能弱化会计信息质量与债券抑价率之间的负相关关系。

6.2 研究设计

6.2.1 样本选择和数据来源

与第 4 章的样本一致,本章选取了 2007—2015 年在沪、深证券交易所公开发行的公司债券作为我们的初始研究样本。我们对样本进行了如下处理以确保研究结论的可靠性和准确性:①剔除金融类上市公司发行的公司债券;②由于非上市公司的财务信息披露制度不完善,本章实证分析所需的许多财务指标无法获得,因此我们剔除了非上市公司发行的公司债券;③剔除公司债券上市首日与首次交易日的时间间隔超过 7 个日历天数的样本;④剔除所选变量存在缺失值的样本。经过上述筛选,我们最终获得了 2007 年至 2015 年 A 股上市公司所发行的 374 只公司债券。为了降低极端值对回归结果的干扰,本章对所有连续变量在 1% 和 99% 百分位上进行了缩尾处理。与第 4 章的数据来源一致,本章所有的数据均来自 Wind 和 CSMAR 数据库。考虑到年度财务报告披露的滞后性,本章用到的财务数据均为债券发行时所披露的前一年的财务数据。

6.2.2 变量度量

6.2.2.1 被解释变量

参照之前学者的相关研究(Aggarwal 等,1993;Cai 等,2007;Lin 和 Tian,2012;陈亮,2014;吕怀立等,2016),本章使用公司债券上市首日的经市场调整的异常回报率作为公司债券抑价率的代理变量。这里我们用 Underprice 来表示债券的抑价率。由于债券交易并不像股票交易那么频繁,有些债券在上市首日并没有发生实际交易行为,为此我们将上市后首次发生交易的数据作为首日交易数据。我们参考 Cai 等(2007)和吕怀立等(2016)的研究,规定上市首日与首次交易日的最长时间间隔不超过 7 个日历天数。① 上市首日公司债券"i"

---

① 在我们的研究样本中,大约有 86.98% 的公司债券其首次交易日与上市首日的时间间隔不超过 7 个日历天数。有 317 只公司债券(73.72%)在上市后的前三天内有交易记录。时间间隔最长的一只公司债券(债券代码:122062)在上市后的第 1208 天才有交易。因而,为确保研究结论的准确性和可靠性,我们在样本筛选过程中严格遵守"上市首日与首次交易日的最长时间间隔不超过 7 个日历天数"这一规定,这也导致了一定程度的样本损失。

的回报率为:

$$R_{i1} = \left(\frac{P_{i1}}{P_{i0}}\right) - 1 \qquad (6-1)$$

式中,P_{i1}是公司债券"i"首次交易日的收盘全价,等于收盘净价加上按照债券面值和票面利率计算的应计利息;P_{i0}是公司债券的发行价格,如前所述,这里统一为100元;R_{i1}是债券上市首日的总回报率。其中相同计算期间内的公司债券指数回报率为:

$$R_{m1} = \left(\frac{P_{m1}}{P_{m0}}\right) - 1 \qquad (6-2)$$

式中,P_{m1}为与单只公司债券相同计算期间内(首次交易日)的上证公司债指数的收盘价;P_{m0}为与单只公司债券相同计算期间内(首次交易日)的上证公司债指数的开盘价;R_{m1}为单只公司债券相同计算期间内的可比市场回报率。我们使用上市首日每只公司债券的R_{i1}和相对应的R_{m1}来衡量公司债券的抑价程度,计算方法为:

$$Underprice_{i1} = 100 \times \left\{\left[\frac{1+R_{i1}}{1+R_{m1}}\right] - 1\right\} \qquad (6-3)$$

如公式(6-3)所示,$Underprice$越大,说明公司债券抑价率越高。这里需要说明的是,针对公司债券指数的度量,大致有以下三种数据来源:①上证公司债指数(SSE Enterprise Bond Index),它是首只综合反映上交所市场公司债券整体价格变动趋势的指数。其样本选择标准为在上海证券交易所和深圳证券交易所上市的公司债券。②深证公司债综合指数(SZSE Corporate Bond Index),涵盖在深圳证券交易所上市的公司债及分离式可转债。③中证公司债指数(CSI Enterprise Bond Index),样本选择标准为在上海证券交易所和深圳证券交易所上市的公司债。由于深证公司债综合指数的发布日期是从2013年1月11日开始的,为与研究样本进行匹配,我们暂不考虑这一指数。如上所述,在主回归中我们用上证公司债指数来衡量市场回报率,但在稳健性中我们还使用中证公司债指数来衡量市场回报率。①

6.2.2.2 解释变量

本章的解释变量为公司的会计信息质量。对于会计信息质量的衡量,我们

---

① 通过观察Pearson相关系数表(未报告),我们发现上证公司债指数与中证公司债指数的相关系数高达0.998,我们认为两者几乎是完全一致的。

主要通过 Dechev 和 Dichev（2002）, Francis、LaFond、Olsson 和 Schipper（2005）以及 Ball 和 Shivakumar（2006）构建的模型计算得出。我们分别用 AQ_dd、$AQ\_francis$ 以及 AQ_bs 来表示，该值越大，说明公司的会计信息质量越好。因为它们的构建方法与本书4.2中的构建方法完全一致，因此这里我们不再赘述。

6.2.2.3 控制变量

根据抑价率相关文献（Cai 等, 2011; 吕怀立等, 2016），我们在回归分析中还控制了以下公司特征和债券特征。

公司规模（$Size$）：公司规模等于年末总资产的自然对数值。相较于小公司，规模越大的公司越容易被投资者所了解，信息不对称程度较弱。陈工孟和高宁（2000）、翁宵暐等（2014）都得到公司规模越大，抑价率越低这一结论。因而，我们预期公司规模与债券抑价率负相关。

杠杆率（Lev）：杠杆率等于总负债除以总资产，它用来衡量公司的财务风险。我们预期杠杆率与债券抑价率正相关。

盈利能力（ROA）：这里我们用总资产收益率来衡量。总资产收益率为净利润除以总资产。总资产收益率越高，表明公司的盈利能力越强，预示着公司有较充足的现金流，不会刻意提高票面利率来吸引投资者，因而其发行抑价程度就较低。综上，我们预期总资产收益率与债券抑价率负相关。

企业成长性：我们使用托宾 Q（$TobinQ$）和营业收入增长率（$Growth$）这两个指标来衡量公司的成长能力。托宾 Q 等于股票市值除以资产重置价值。托宾 Q 越大，说明公司的成长性越好。营业收入增长率等于本年营业收入除以上一年营业收入。成长性越好的公司，未来现金流越有保障，其发行的债券更容易受到投资者追捧，抑价率较低。但是，Gong 等（2016）指出，成长性越好的企业越容易面临财务困境，有些公司在盲目扩张的过程中，极易造成资金链断裂。此外，成长性越好的公司大多处于生命周期的早期，普遍信息不对称水平较高，投资者很难了解公司真实的运营情况。基于此，我们暂时不对 $TobinQ$ 和 $Growth$ 的系数符号进行预期。

企业破产风险（Z_score）：我们根据 Altman（1968）的方法来计算公司的破产风险。Z_score 越大，公司的破产风险越小。我们预期 Z_score 与公司债券抑价率负相关。

产权性质（SOE）：本研究沿用我国主流文献的做法（Liang 等, 2011; Chen 等, 2013; Chen 和 Zhu, 2013; Gong 等, 2016; 2017），采用公司最终或

终极控制人的性质划分考察产权性质。如果发债公司的实际控制人为中央或地方政府，则取值为1，否则为0。Chaney 等（2011）发现，政治关联企业的信息不对称程度较大，其 IPO 抑价率较高。因而，我们预期国有企业发行的公司债券，其抑价率较高。

审计质量（*Big*4）：虚拟变量，如果公司债券的发行主体其最近期披露的年报是由国际四大会计师事务所审计的，则为1，否则为0。考虑到"四大"事务所的业务能力和声誉保证，一般由"四大"审计的公司，审计质量较高，投资者比较认可。陈超和李镕伊（2013）以中国 2007—2011 年发行的公司债券为样本，用是否由"四大"或"十大"事务所审计作为审计质量的替代变量，发现高质量审计可以显著提高公司债券的信用评级。基于此，我们预期由四大会计师事务所审计的公司，其所发行的公司债券抑价率较低。

主承销商声誉（*Toptier*）：根据中国证券业协会排名，我们将排在前20%的主承销商定义为高声誉主承销商，并赋值为1，其他为0。考虑到不同的排名标准，我们分别使用三个变量来全面度量主承销商声誉。具体而言：根据主承销商的总资产排名划分，我们将排在前20%的主承销商定义为高声誉主承销商（*Toptier_asset*）；根据主承销商的债券承销金额排名划分，我们将排在前20%的主承销商定义为高声誉主承销商（*Toptier_amount*）；根据主承销商的债券承销家数排名划分，我们将排在前20%的主承销商定义为高声誉主承销商（*Toptier_bond*）。Carter 和 Manaster（1990）、Megginson 和 Weiss（1991）发现，承销商声誉与公司债券抑价率显著负相关。因而，我们预期由高声誉承销商承销的公司债券，其抑价率较低。

公司债券发行规模（*LogAmount*）：*LogAmount* 为公司债券发行金额的自然对数值。Ellul 和 Pagano（2006）发现，发行规模与二级市场的流动性密切相关，平均而言，发行规模越大，流动性越强。从这个角度分析，公司债券的发行规模越大，越能降低债券发行后的流动性风险，因而债券的抑价率较低。然而，Cai 等（2007）实证结果表明，公司债券发行规模与债券抑价率之间呈正相关关系。他们认为，公司债券发行规模并不能很好地衡量债券的流动性；相反，债券的发行规模越大，其信息问题可能更严重。基于上述两种不同解释，我们暂不对 *LogAmount* 的回归系数符号进行预期。

公司债券发行期限（*LogMaturity*）：*LogMaturity* 为公司债券发行期限（以年为单位）的自然对数值。通常认为，公司债券发行期限越长，投资者需要承担的风险越高（Cai 等，2007；Liu 和 Magnan，2014）。吕怀立等（2016）在其实证研究中发现，债券期限越长，抑价率水平越高。因而，我们预期债券发行期限与债券抑价率正相关。

债券担保（Collateral）：虚拟变量，若债券发行有担保，则为 1，否则为 0。朱松（2013）、陈超和李镕伊（2014）发现，有担保的公司债券，违约风险较低；然而，Berger 和 Udell（1990）、Bharath 等（2011）的研究则认为，债券发行人的违约风险越大，越有可能被要求提供担保。基于此，我们暂不对 Collateral 的回归系数符号进行预期。

债券回售条款（Put）：虚拟变量，若债券发行包含回售条款，则为 1，否则为 0。我们预期债券回售条款与债券抑价率负相关。

债券信用评级变量（Rate）：在债券发行时，各专业信用评级机构会对各只债券进行评级。如前所述，有资格发行公司债券的企业一般财务绩效较好，因此其所发行的公司债券获得的信用评级也一般较高，我们研究样本中的债券所获得的评级包括 AA－、AA、AA＋、AAA 级。我们借鉴国际通常做法（方红星等，2013；Gong 等，2016；2017），对公司债券信用评级进行赋值：AA－ =1，AA =2，AA＋ =3，AAA =4；数值越高代表评级越好。Cai 等（2007）发现，信用评级较差的债券发行方，其公司债券抑价率较高。因而，我们预期债券信用评级与债券抑价率负相关。

行业特征（Industry）：样本中涉及农、林、牧、渔业，采矿业，制造业等 13 个行业，而行业之间存在显著的差异，这些差异也可能会影响投资者对债券风险的估计。因此有必要在回归模型中控制行业因素的影响。我们在回归中引入 12 个虚拟变量，当样本属于某一行业时，取值为 1，否则为 0。

年度特征（Year）：我们控制了公司债券发行的年份 Year。当公司债券在该年发行，则取值为 1，否则为 0。

表 6－1 为变量定义表。

表 6－1　变量定义

变量类型	变量名称	变量符号	变量描述
因变量	公司债券抑价率	Underprice	上市首日经上证公司债指数调整的异常回报率
自变量	会计信息质量	AQ_dd	根据 Dechow 和 Dichev（2002）计算得到。为了便于解释，在残差项的绝对值前乘以－1，AQ_dd 越大，公司会计信息质量越好

续表 6-1

变量类型	变量名称	变量符号	变量描述
自变量	会计信息质量	$AQ\_francis$	根据 Francis、LaFond、Olsson 和 Schipper（2005）计算得到。为了便于解释，在残差项的绝对值前乘以 -1，$AQ\_francis$ 越大，公司会计信息质量越好
自变量	会计信息质量	AQ_bs	根据 Ball 和 Shivakumar（2006）计算得到。为了便于解释，在残差项的绝对值前乘以 -1，AQ_bs 越大，公司会计信息质量越好
控制变量	债券特征		
控制变量	债券发行规模（单位：元）	$Amount$	公司债券发行金额
控制变量	债券发行规模	$LogAmount$	公司债券发行金额的自然对数
控制变量	债券发行期限（单位：年）	$Maturity$	公司债券发行期限
控制变量	债券发行期限	$LogMaturity$	公司债券发行期限的自然对数
控制变量	有无担保	$Collateral$	虚拟变量，若债券发行有担保，则为 1，否则为 0
控制变量	是否有回售条款	Put	虚拟变量，若债券发行包含回售条款，则为 1，否则为 0
控制变量	债券信用评级	$Rate$	将公司债券信用评级分别赋值为：AAA = 4，AA + = 3，AA = 2；AA - = 1，数值越高表明评级越好
控制变量	事务所特征 是否"四大"	$Big4$	虚拟变量，如果债券发行人是由四大会计师事务所审计，则为 1，否则为 0
控制变量	主承销商特征 高声誉主承销商	$Toptier$	根据中国证券业协会排名，我们将排在前 20% 的主承销商定义为高声誉主承销商，并赋值为 1，其他为 0
控制变量	主承销商特征 高声誉主承销商	$Toptier\_asset$	根据中国证券业协会对主承销商的总资产排名划分，我们将排在前 20% 的主承销商定义为高声誉主承销商，并赋值为 1，其他为 0

续表 6-1

变量类型	变量名称	变量符号	变量描述
主承销商特征	高声誉主承销商	$Toptier\_amount$	根据中国证券业协会对主承销商的债券承销金额排名划分,我们将排在前 20% 的主承销商定义为高声誉主承销商,并赋值为 1,其他为 0
		$Toptier\_bond$	根据中国证券业协会对主承销商的债券承销家数排名划分,我们将排在前 20% 的主承销商定义为高声誉主承销商,并赋值为 1,其他为 0
控制变量	企业特征		
	企业规模	$Size$	公司规模,为年末总资产的自然对数
	资产负债率	Lev	负债总额/资产总额
	总资产收益率	ROA	净利润/总资产
	托宾 Q	$TobinQ$	股票市值/资产重置价值
	营业收入增长率	$Growth$	本年营业收入/上一年营业收入
	企业破产风险	Z_score	$Z\_score = 0.012X_1 + 0.014X_2 + 0.033X_3 + 0.006X_4 + 0.999X_5$,$X_1$ = 营运资本/总资产;X_2 = 留存收益/总资产;X_3 = 息税前利润/总资产;X_4 = 普通股优先股市场价值总额(总市值)/总负债;X_5 = 营业收入/总资产
	企业属性	SOE	虚拟变量,若发债公司为国有控股(地方和中央控股),则为 1,否则为 0
其他	年度	$Year$	年度哑变量,债券发行所在年度为 1,其余为 0
	行业	$Industry$	行业哑变量,根据证监会 2012 年行业分类标准划分

6.2.3 检验模型

本章主要检验发债公司的会计信息质量对于公司债券上市首日抑价率的影响，详见图6-1。

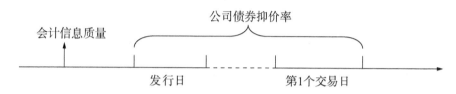

图6-1 公司债券抑价率示意

基础分析使用普通最小二乘法（OLS）。由于单只公司债券在企业层面具有很大程度的同质性，可能导致误差项出现聚类问题，为得到更加稳健的结论，参照Petersen（2009）的做法，采用双重聚类（个体和时间）调整标准误来进行t检验。为了检验假设H1，采取模型（6-4）：

$$\begin{aligned}Underprice_{i,t} = & \beta_0 + \beta_1 AQ_{i,t-1} + \beta_2 Size_{i,t-1} + \beta_3 Lev_{i,t-1}, + \beta_4 ROA_{i,t-1} + \\ & \beta_5 TobinQ_{i,t-1} + \beta_6 Growth_{i,t-1} + \beta_7 Z\_score_{i,t-1} + \\ & \beta_8 SOE_i + \beta_9 LogAmount_{i,t} + \beta_{10} LogMaturity_{i,t} + \\ & \beta_{11} Put_{i,t} + \beta_{12} Collateral_{i,t} + \beta_{13} Rate_{i,t} + \beta_i Industry + \\ & \beta_y Year + \varepsilon_{i,t} \end{aligned} \quad (6-4)$$

模型（6-4）中所涉及变量的定义见表6-1。若AQ前面系数β_1显著小于0，说明AQ越大的公司，即会计信息质量越好的公司，其发行的公司债券抑价率更低。

为了检验假设H2，我们在模型（6-4）的基础上加入承销商声誉变量，$Toptier$以及会计信息质量和承销商声誉的交互项，$AQ * Toptier$。回归模型见（6-5）。根据之前的分析，如果$AQ * Toptier$的回归系数β_2显著大于0，说明聘请高声誉的主承销商能弱化会计信息质量与公司债券抑价率之间的负相关关系，则假设H2成立。这里需要说明的是，考虑到不同的排名标准，我们在变量定义中分别使用了三个变量来度量主承销商声誉，分别为$Toptier\_asset$、$Toptier\_amount$以及$Toptier\_bond$。出于篇幅考虑，我们在回归中仅报告了按债券承销家数（$Toptier\_bond$）来划分的主承销商声誉变量。

$$\begin{aligned}Underprice_{i,t} = & \beta_0 + \beta_1 AQ_{i,t-1} + \beta_2 AQ_{i,t-1} \times Toptier_{i,t-1} + \beta_3 Toptier_{i,t-1} + \\ & \beta_4 Size_{i,t-1} + \beta_5 Lev_{i,t-1}, + \beta_6 ROA_{i,t} + \beta_7 TobinQ_{i,t-1} + \\ & \beta_8 Growth_{i,t-1} + \beta_9 Z\_score_{i,t-1} + \beta_{10} SOE_i + \\ & \beta_{11} LogAmount_{i,t} + \beta_{12} LogMaturity_{i,t} + \beta_{13} Put_{i,t} + \\ & \beta_{14} Collateral_{i,t} + \beta_{15} Rate_{i,t} + \beta_i Industry + \beta_y Year + \varepsilon_{i,t}\end{aligned}$$

(6-5)

为了检验假设 H3，我们采取如下回归模型 (6-6)：

$$\begin{aligned}Underprice_{i,t} = & \beta_0 + \beta_1 AQ_{i,t-1} + \beta_2 AQ_{i,t-1} \times Big4_{i,t-1} + \beta_3 Big4_{i,t-1} + \\ & \beta_4 Size_{i,t-1} + \beta_5 Lev_{i,t-1}, + \beta_6 ROA_{i,t} + \beta_7 TobinQ_{i,t-1} + \\ & \beta_8 Growth_{i,t-1} + \beta_9 Z\_score_{i,t-1} + \beta_{10} SOE_i + \\ & \beta_{11} LogAmount_{i,t} + \beta_{12} LogMaturity_{i,t} + \beta_{13} Put_{i,t} + \\ & \beta_{14} Collateral_{i,t} + \beta_{15} Rate_{i,t} + \beta_i Industry + \beta_y Year + \varepsilon_{i,t}\end{aligned}$$

(6-6)

根据之前的分析，如果 AQ 前面的系数 β_1 显著小于 0，且 $AQ \times Big4$ 的回归系数 β_2 显著大于 0，说明聘请高声誉的审计师能弱化会计信息质量与公司债券抑价率之间的负相关关系，则假设 H3 成立。模型 (6-6) 中的控制变量与模型 (6-4) 和模型 (6-5) 中的控制变量一致。相关变量定义见表 6-1。

6.3 实证结果

6.3.1 描述性统计分析

鉴于本书使用的回归数据基本一致，且在第 4 章中我们已经列出了文中主要变量的描述性统计结果，因而，我们此处仅对公司债券抑价率进行基本统计分析。由描述性统计可见（未报告），公司债券抑价率（Underprice）的均值为 2.44%，中位数为 1.80%。这说明我国公司债券市场存在发行抑价现象，即上市首日平均可以获得超出上证公司债指数 244 个基点的收益。这与吕怀立等（2016）的研究中所报告的数值有所差异，在他们的样本中，债券抑价率的均值仅为 0.01%，明显低于本章研究样本的抑价率均值。一个可能的理由是他们的债券样本中除了公司债券外，还包括短期融资券、中期票据和企业债券。考虑到不同债券的发行主体不同，同时也会受到不同的发审制度、交易机制的约束，因而不同类型的债券抑价率可能会有所差异。例如，公司债券采用"公开竞价"的交易方式，而中期票据采用"集中询价"的交易方式，上市首日公司债券和中期票据就会存在定价误差。该定价误差一方面是由于"核准制"和"注册制"的发审制度所致，另一方面来源于"公开竞价"和"集中询价"的交易机制。为进一步研究债券抑价率在样本区间内的变动情况，我们分年度来考察公司债券的抑价率。图6-2为按照年度划分的公司债券平均抑价率，其中 Average Line 为公司债券抑价率的均值线。

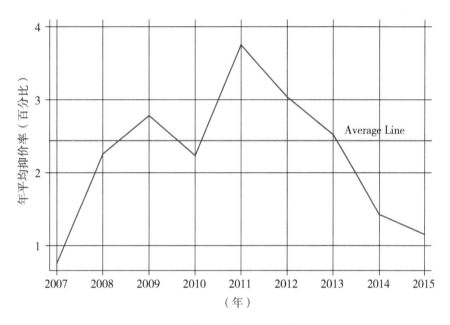

图6-2 公司债券平均抑价率（按年度划分）

从图6-2中我们可以看出，从2007年到2015年，公司债券抑价率大致经历两个阶段。第一阶段为2007年到2011年，公司债券抑价率出现快速上升的趋势，从2007年的0.76%升至2011年的3.76%。尽管我们从图6-2中发现上述结果，但对这一结果的解释要非常谨慎。因为中国的公司债券市场从2007年才正式起步，企业在2007年到2010年期间发行的公司债券数量非常有限。更为重要的是，我们在数据筛选过程中设置"上市首日与首次交易日的最长时间间隔不超过7个日历天数"这一条件，以至于在目前的研究样本中，2007年发行的公司债券只有一只，2008年到2010年发行的公司债券分别为3、5、8

只。因而从图6-2中发现的现象可能不具有代表性，容易受到极端值的影响。第二阶段为2011年至2015年，在这个阶段公司债券抑价率开始稳步下降，从2011年的峰值到2014年的1.43%和2015年的1.15%，这是公司债券市场健康发展的一个体现。随着发债公司会计信息质量的提高以及整个公司债券市场交易机制和监管制度的完善，我们认为公司债券抑价率未来会保持在相对较低的水平。

6.3.2 相关性分析

表6-2为变量的Pearson相关系数表。不论是采用 AQ_dd、$AQ\_francis$ 或 AQ_bs 作为会计信息质量指标，会计信息质量与公司债券抑价率（$Underprice$）的相关系数均在1%水平上显著为负。这表明在不考虑其他因素影响的条件下，会计信息质量越好的公司，其发行的公司债券抑价率越低，符合假设H1的预期。我们还发现，企业规模、债券规模以及成长性等因素均会影响公司债券抑价率。公司规模（$Size$）越大，公司债券抑价率越低；公司成长性（$TobinQ$、$Growth$）越好，公司债券抑价率越高；债券规模（$LogAmount$）与公司债券抑价率负相关；而有担保的公司债券（$Collateral$）其抑价率反而更高。因此，我们仍需要进行OLS回归分析。此外，我们还计算了各变量的 VIF 值。从表6-2中可以看出，所有变量的 VIF 值均在5以内，说明多重共线性问题在本章的实证模型中并不是特别严重。但是我们也不能忽视 $Size$ 与 $LogAmount$ 变量之间的相关系数高达0.79，为了解决这个问题，我们在稳健性检验中没有考虑公司规模，只保留了债券规模。此外，根据Du等（2015），我们还使用条件指数（$condition\ indices$）来考察变量之间的多重共线性情况。未报告的结果表明，最大的条件指数（$condition\ index$）也远远小于10，进一步表明我们的实证模型不存在严重的多重共线性问题（Belsley，1991）。

第6章 会计信息质量与公司债券二级市场定价：上市首日抑价率

表6-2 主要变量的Pearson相关系数

变量	VIF	1	2	3	4	5	6	7	8	9	10	11	12	13
Underprice	1	1.14												
AQ_dd	2	1.15	−0.25**	1										
AQ_francis	3	1.13	−0.25**	0.88**	1									
AQ_bs	4	1.15	−0.26**	0.99**	0.88**	1								
LogAmount	5	2.96	−0.10*	0.11*	0.09*	0.10*	1							
LogMaturity	6	1.20	0.01	−0.06	−0.03	−0.06	0.23**	1						
Put	7	1.40	0.01	−0.06	−0.01	−0.05	−0.30**	0.10*	1					
Collateral	8	1.18	0.12*	−0.08	−0.12*	−0.08	0.06	0.18**	−0.18**	1				
Big4	9	1.40	−0.02	0.07	0.07	0.07	0.39**	0.12*	−0.20**	0.02	1			
Toptier	10	1.09	−0.07	0.06	0.06	0.05	0.23**	0.09*	−0.02	−0.02	0.10*	1		
Size	11	4.89	−0.18**	0.18**	0.18**	0.13*	0.79**	0.14**	−0.41**	0.06	0.46**	0.21**	1	
Lev	12	2.28	−0.08	0.09*	−0.01	−0.01	0.35**	0.08	−0.12*	0.11*	0.08	0.06	0.54**	1
ROA	13	2.11	0.12*	−0.13*	−0.12*	−0.02	−0.12*	−0.08	0.01	0.02	−0.07	0.07	0.03	−0.25**
TobinQ	14	1.94	0.20**	−0.12*	−0.13*	−0.05	−0.11*	−0.34**	−0.05	0.16**	−0.06	−0.14**	−0.05	−0.48**
Growth	15	1.11	0.11*	−0.13*	−0.13*	−0.19**	−0.13*	−0.01	−0.02	−0.01	0.01	−0.05	0.04	−0.05
Z_score	16	1.12	−0.02	0.11*	0.11*	0.04	0.11*	−0.01	0.06*	0.01	0.06	0.09*	−0.05	−0.04
SOE	17	1.34	−0.07	0.01	0.01	0.01	0.01	0.26**	0.22**	−0.29**	0.26**	0.07	0.07	0.35**

变量	VIF	14	15	16	17
TobinQ	14	1.94	1			
Growth	15	1.11	0.19**	1		
Z_score	16	1.12	0.19**	0.09*	1	
SOE	17	1.34	−0.23**	−0.07	−0.07	1

（续表行相关系数第13列）−0.60** −0.50** 0.05 −0.10* 0.20**

注：***、**和*分别代表在1%、5%和10%水平上显著。VIF（variance inflation factors）为方差膨胀因子。变量定义见表6-1。

进一步地,我们还按照 $AQ\_francis$ 从小到大将样本分为 5 组,每组中 $Underprice$ 的均值分布见图 6-3。为了避免重复,我们这里只报告了按照 $AQ\_francis$ 进行分组的公司债券抑价率的差异。在稳健性中,我们也根据 AQ_dd 和 AQ_bs 进行了一样的处理,结果依然一致。从图 6-3 中可以看出,会计信息质量与公司债券抑价率总体呈负相关关系,随着发行方会计信息质量的提高,债券抑价率逐渐降低,也同假设 H1 的预期相符。

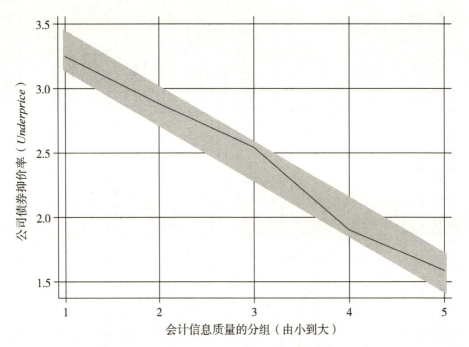

图 6-3　会计信息质量与公司债券抑价率

6.3.3　单变量分析

在这一部分,我们还对主要变量进行了单变量分析。按照 $AQ\_francis$ 是否大于年度、行业中位数,将样本分为高会计信息质量组($High\_AQ=1$)和低会计信息质量组($High\_AQ=0$)。表 6-3 报告了主要变量的组间差异检验结果:高会计信息质量组的 $Underprice$ 的均值为 1.92%,小于低会计信息质量组的 2.85%,且该差异在 1% 水平上显著。中位数检验也得到类似的结果。此外,低会计信息质量组发行的公司债券更有可能被担保,且这一差异在统计意义上显著。平均而言,高会计信息质量组的公司规模要大于低会计信息质量组,这一差异在5%水平上显著。

表6-3 单变量分析(按 High_AQ 分组)

变量	高会计信息质量组 High_AQ=1 (1)		低会计信息质量组 High_AQ=0 (2)		差异 T/Z 检验 (2) - (1)	
	均值	中位数	均值	中位数	T 检验	Z 检验
Underprice	1.92	1.52	2.85	2.19	3.36**	2.88***
Amount	1.500e+09	8.400e+08	1.200e+09	8.000e+08	-1.44	-0.94
Maturity	5.61	5	5.74	5	0.74	0.28
Collateral	0.36	0	0.46	0	1.96*	1.94*
Put	0.75	1	0.72	1	-0.56	-0.56
Size	23.35	23.14	23.04	22.86	-2.16*	-2.00**
Lev	0.53	0.54	0.54	0.57	0.61	0.58
ROA	0.05	0.04	0.05	0.04	0.43	-0.33
TobinQ	1.85	1.48	1.95	1.52	0.91	0.82
Growth	0.21	0.22	0.29	0.17	1.90*	-0.50
Z_score	70.44	59.08	68.86	58.64	-0.30	-0.51
SOE	0.54	1	0.58	1	0.79	0.79
Big4	0.12	0	0.13	0	0.41	0.41
Toptier	0.23	0	0.18	0	-1.24	-1.24

注:T值与Z值是按照 High_AQ 分组后各变量的均值与中位数的单变量检验结果;***、**和*分别代表在1%、5%和10%水平上显著。

6.3.4 回归分析

6.3.4.1 公司债券抑价率的回归分析

为了检验会计信息质量与公司债券抑价率之间的关系,本章在控制企业与债券层面的因素后,使用不同的会计信息质量代理变量对债券抑价率进行回归。表6-4报告了假设H1的检验结果:在第(1)列中,我们只控制了债券特征变量以及企业特征变量,并未加入会计信息质量的衡量指标。我们发现,公司成长性变量 TobinQ 的系数为0.245,在1%的显著性水平下显著,表明公司成长性与债券抑价具有正相关关系，公司成长性越好，面临的不确定性也越大，相对应的公司债券抑价率也越高。公司破产风险 Z_score 的回归系数为 -0.005，在 1% 统计水平上显著，说明破产风险较低的公司，债券抑价率也较低。针对其他的控制变量，尽管我们并没有发现他们与债券抑价率之间有显著关系，但他们的符号基本与预期一致。

在第（2）至第（4）列中，我们分别将公司的会计信息质量纳入回归模型中。在第（2）列，我们使用 AQ_dd 作为会计信息质量的代理变量；在第（3）列，我们使用 $AQ\_francis$ 作为会计信息质量的代理变量；在第（4）列，我们使用 AQ_bs 作为会计信息质量的代理变量。回归结果显示：AQ_dd、$AQ\_francis$ 以及 AQ_bs 的系数分别为 -9.172、-9.414 和 -9.536，且都在 1% 水平上高度显著。这进一步支持了本章提出的研究假设 H1。会计信息质量越高的公司，其发行的公司债券抑价率越低，说明投资者从会计信息质量的角度遴选发债公司，可以缓解他们与公司之间的信息不对称，使得债券定价趋于合理。

表 6-4　会计信息质量与公司债券抑价率

变量	(1)	(2)	(3)	(4)
AQ_dd		$-9.172***$ (-4.84)		
$AQ\_francis$			$-9.414***$ (-5.55)	
AQ_bs				$-9.536***$ (-4.92)
$Size$	-0.031 (-0.15)	0.089 (0.48)	0.087 (0.45)	0.083 (0.42)
Lev	0.336 (0.30)	-0.067 (-0.07)	-0.205 (-0.24)	-0.035 (-0.04)
ROA	-0.418 (-0.09)	-4.044 (-0.77)	-2.362 (-0.48)	-4.082 (-0.78)
$TobinQ$	$0.245***$ (2.69)	$0.296***$ (2.94)	$0.305***$ (2.82)	$0.298***$ (2.94)
$Growth$	0.258 (1.55)	0.091 (0.61)	-0.006 (-0.05)	0.084 (0.55)

续表6-4

变量	(1)	(2)	(3)	(4)
Z_score	-0.005***	-0.003**	-0.004***	-0.003**
	(-3.44)	(-2.47)	(-3.01)	(-2.28)
SOE	-0.192	-0.249	-0.219	-0.251
	(-0.91)	(-1.06)	(-0.92)	(-1.06)
$LogAmount$	-0.061	-0.060	-0.036	-0.058
	(-0.15)	(-0.13)	(-0.08)	(-0.13)
$LogMaturity$	-1.051	-1.188	-1.098	-1.167
	(-1.28)	(-1.51)	(-1.49)	(-1.51)
Put	-0.054	0.020	0.052	0.015
	(-0.14)	(0.05)	(0.12)	(0.04)
$Collateral$	0.349	0.281	0.254	0.271
	(0.96)	(0.74)	(0.70)	(0.72)
$Rate$	-0.157	-0.102	-0.137	-0.096
	(-0.57)	(-0.34)	(-0.48)	(-0.31)
$Constant$	7.641	4.521	3.864	4.613
	(0.75)	(0.44)	(0.39)	(0.45)
$Year$	Yes	Yes	Yes	Yes
$Industry$	Yes	Yes	Yes	Yes
$Observations$	374	374	374	374
Adjusted R^2	0.126	0.163	0.165	0.167

注：被解释变量为公司债券抑价率 $Underprice$。每个模型均控制年度虚拟变量和行业虚拟变量。***、**、* 分别表示在1%、5%和10%的水平上显著。

通过表6-4，我们得知会计信息质量能显著降低公司债券抑价率。但是针对抑价率不同的发行方，会计信息质量的提高对债券抑价率的影响是否存在差异？对于这一问题，我们很难从表6-4中得到答案。我们进一步通过分位数回归来考察在不同的抑价率条件分布上，会计信息质量对债券抑价率作用的大小。具体而言，我们根据债券抑价率（$Underprice$）的大小将全样本分为九组：第10百分位数（0.10）指的是抑价率较低组，此时公司债券的抑价水平较小；第90百分位数（0.90）指的是抑价率较高组，此时公司债券的抑价水平较大。回归结果见图6-4，其中圆圈分别表示债券抑价率分布在10%、20%、30%、

40%、50%、60%、70%、80%、90%处的结果。结果表明,会计信息质量对于债券抑价率条件分布的右端影响大于左端影响,系数在所有分位数处均显著,其中在80%和90%处会计信息质量的影响最大。这说明当公司债券抑价率很高时,努力改善企业的会计信息质量能最大限度地降低公司债券的抑价水平。

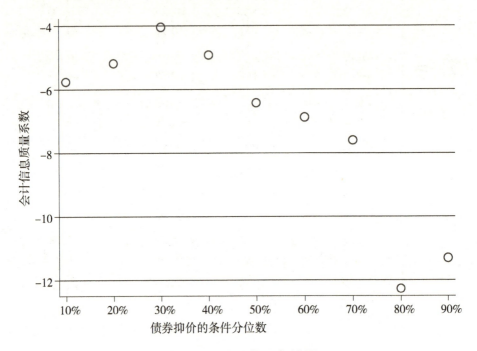

图6-4 分位数回归结果

6.3.4.2 主承销商声誉差异的影响

表6-5反映了主承销商声誉对会计信息质量与债券抑价率之间关系的影响。其中,Toptier为虚拟变量,我们将排在前20%的主承销商定义为高声誉主承销商,并赋值为1,其他为0,数据来自于中国证券业协会排名。我们发现,不论是否采用AQ_dd、$AQ\_francis$或AQ_bs作为会计信息质量指标,会计信息质量与公司债券抑价率始终负相关且在1%水平上显著。AQ_dd与主承销商声誉的交互项($AQ\_dd * Toptier$)回归系数以及AQ_bs与主承销商声誉的交互项($AQ\_bs * Toptier$)的回归系数分别在1%和5%水平上显著为正,而$AQ\_francis$与主承销商声誉的交互项($AQ\_francis * Toptier$)的回归系数也为正且接近显著。这表示当发债公司的会计信息质量较差时,聘请高声誉的主承销商能部分

降低公司债券上市首日的抑价率。结果符合预期，假设 H2 得到验证。

表 6-5　承销商声誉对会计信息质量与债券抑价率关系的影响回归结果

变量	(1)	(2)	(3)
AQ_dd	-9.972*** (-5.28)		
$AQ\_francis$		-10.376*** (-5.78)	
AQ_bs			-10.200*** (-5.31)
$AQ * Toptier$	7.758*** (3.09)	7.375 (1.51)	6.267** (2.26)
$Toptier$	0.156 (0.27)	0.107 (0.15)	0.070 (0.11)
$Size$	0.113 (0.67)	0.110 (0.63)	0.109 (0.62)
Lev	-0.187 (-0.21)	-0.305 (-0.38)	-0.142 (-0.15)
ROA	-3.548 (-0.68)	-1.999 (-0.41)	-3.646 (-0.71)
$TobinQ$	0.302*** (3.21)	0.300*** (3.12)	0.307*** (3.29)
$Growth$	0.111 (0.88)	0.081 (0.56)	0.102 (0.77)
Z_score	-0.003** (-2.31)	-0.004** (-2.45)	-0.003** (-2.15)
SOE	-0.243 (-1.00)	-0.210 (-0.86)	-0.247 (-1.01)
$LogAmount$	-0.081 (-0.18)	-0.045 (-0.11)	-0.073 (-0.17)

续表 6-5

变量	(1)	(2)	(3)
LogMaturity	-1.118 (-1.48)	-1.079 (-1.50)	-1.110 (-1.47)
Put	0.037 (0.11)	0.088 (0.24)	0.038 (0.11)
Collateral	0.281 (0.73)	0.257 (0.70)	0.273 (0.71)
Rate	-0.095 (-0.30)	-0.123 (-0.42)	-0.090 (-0.28)
Constant	4.145 (0.43)	3.295 (0.36)	4.078 (0.43)
Year	Yes	Yes	Yes
Industry	Yes	Yes	Yes
Observations	374	374	374
Adjusted R^2	0.164	0.166	0.167

注：被解释变量为公司债券抑价率 Underprice。每个模型均控制年度虚拟变量和行业虚拟变量。*** 、** 、* 分别表示在1%、5%和10%的水平上显著。

6.3.4.3 会计师事务所声誉差异的影响

表6-6反映了会计师事务所声誉对会计信息质量与债券抑价率之间关系的影响。其中，Big4 为虚拟变量，如果发行人的财务报表是由"四大"审计的，则为1，否则为0。我们发现，不论是否采用 AQ_bs、AQ_francis 或 AQ_bs 作为会计信息质量指标，会计信息质量与公司债券抑价率始终负相关且在1%水平上显著，而会计师事务所声誉与会计信息质量的交互项系数在第（1）和第（3）列中都显著为正。虽然 AQ_francis 与 Big4 的交互项系数不显著，但符号与预期一致，都为正［见第（2）列］。总体而言，当发债公司的会计信息质量较差时，聘请高声誉的审计师能降低公司债券上市首日的抑价率。结果符合预期，假设 H3 得到验证。

表6-6 审计师声誉对会计信息质量与债券抑价率关系的影响回归结果

变量	(1)	(2)	(3)
AQ_dd	-10.405*** (-4.52)		
AQ_francis		-9.927*** (-5.69)	
AQ_bs			-10.547*** (-4.81)
AQ*Big4	12.372*** (3.26)	7.047 (0.70)	11.016*** (2.70)
Big4	1.037 (1.21)	0.692 (0.87)	0.969 (1.16)
Size	-0.002 (-0.01)	0.035 (0.12)	-0.001 (-0.01)
Lev	0.144 (0.14)	-0.111 (-0.12)	0.155 (0.15)
ROA	-3.384 (-0.64)	-2.499 (-0.49)	-3.480 (-0.67)
TobinQ	0.274*** (2.70)	0.304*** (2.74)	0.278*** (2.77)
Growth	0.096 (0.67)	0.006 (0.04)	0.093 (0.63)
Z_score	-0.003*** (-2.73)	-0.004*** (-2.86)	-0.003** (-2.48)
SOE	-0.210 (-0.78)	-0.176 (-0.64)	-0.211 (-0.78)
LogAmount	-0.051 (-0.11)	-0.012 (-0.03)	-0.049 (-0.11)

续表6-6

变量	(1)	(2)	(3)
LogMaturity	-1.227 (-1.54)	-1.069 (-1.43)	-1.195 (-1.53)
Put	0.012 (0.03)	0.029 (0.07)	0.007 (0.02)
Collateral	0.240 (0.62)	0.260 (0.71)	0.243 (0.63)
Rate	-0.076 (-0.25)	-0.157 (-0.55)	-0.081 (-0.26)
Constant	6.105 (0.58)	4.232 (0.41)	5.971 (0.57)
Year	Yes	Yes	Yes
Industry	Yes	Yes	Yes
Observations	374	374	374
Adjusted R^2	0.167	0.162	0.169

注：被解释变量为公司债券抑价率 Underprice。每个模型均控制年度虚拟变量和行业虚拟变量。***、**、* 分别表示在1%、5%和10%的水平上显著。

6.3.5 处理内生性

6.3.5.1 两阶段处理效应检验

公司是否拥有高质量的会计信息还可能受到各种外部因素的影响，且这些因素又可能影响公司债券的抑价水平。如此，发债公司是否具有较高的会计信息质量本身就存在内生性问题。我们借鉴 Gong 等（2017）的做法采用处理效应模型来控制内生性。处理效应模型的第一阶段是分析哪些因素会影响公司是否拥有较高的会计信息质量，并估算出逆米尔斯比（*IMR*）；而处理效应模型的第二阶段则主要考察在控制样本选择性偏差后，公司的会计信息质量是否仍然对债券抑价率有显著影响。

我们按照 *AQ* 是否大于年度行业中位数，将样本分为高会计信息质量组和低会计信息质量组。处理效应模型的第一阶段是 Probit 回归，因变量是虚拟变量,若公司属于高会计信息质量组,则为1,否则为0。我们在回归模型中加入了公司规模(Size)、资产负债率(Lev)、盈利能力(ROA)、成长能力(TobinQ、Growth)、公司的破产风险(Z_score)、是否由"四大"审计(Big4)以及公司的产权性质(SOE)。此外,我们还控制了董事会规模(Boardsize,董事会人数取对数)、独立董事比例(Indepratio,董事会中独立董事的比例),以及董事长和总经理是否两职合一(Dual,虚拟变量,若董事长与总经理两职合一,则为1,否则为0)这一系列公司治理相关变量。一般而言,董事会规模越大,独立董事在董事会中所占比例越高,以及董事长和总经理两职分离,意味着公司内部的监督机制越强,公司治理水平越好。公司治理越好的企业,其与外部投资者之间的信息不对称水平较低,公司的会计信息质量越高。最后,我们还在模型中加入了行业和年度虚拟变量。第一阶段回归模型如下:

$$\begin{aligned} High\_AQ_{i,t} = &\beta_0 + \beta_1 Size_{i,t} + \beta_2 Lev_{i,t} + \beta_3 ROA_{i,t}, + \beta_4 TobinQ_{i,t} + \\ &\beta_5 Growth_{i,t} + \beta_6 Z\_score_{i,t} + \beta_7 Big4_{i,t} + \beta_8 SOE_i + \\ &\beta_9 Boardsize_{i,t} + \beta_{10} Indepratio_{i,t} + \beta_{11} Dual_{i,t} + \\ &\beta_i Industry + \beta_y Year + \varepsilon_{i,t} \end{aligned} \quad (6-7)$$

处理效应模型的第二阶段是 OLS 回归,因变量是公司债券抑价率(Underprice)。High_AQ 是我们关注的变量。我们除了控制公司规模(Size)、资产负债率(Lev)、盈利能力(ROA)、成长能力(TobinQ、Growth)、公司的破产风险(Z_score)、产权性质(SOE)外,我们还进一步控制了逆米尔斯比(IMR)以及债券特征变量,包括债券发行规模(LogAmount)、债券期限(LogMaturity)、是否包含回售条款(Put)、是否有担保(Collateral)、信用评级(Rate)等变量。最后,我们同样控制了行业变量和年度变量。我们用模型(6-8)来检验假设 H1,即高质量的会计信息对于公司债券抑价水平的影响。此外,我们还分别用模型(6-9)和模型(6-10)来检验假设 H2 和假设 H3,即聘请高声誉中介机构能否弱化会计信息质量与公司债券抑价率之间的负相关关系。

$$\begin{aligned} Underprice_{i,t} = &\beta_0 + \beta_1 High\_AQ_{i,t-1} + \beta_2 Size_{i,t-1} + \beta_3 Lev_{i,t-1}, + \beta_4 ROA_{i,t-1} + \\ &\beta_5 TobinQ_{i,t-1} + \beta_6 Growth_{i,t-1} + \beta_7 Z\_score_{i,t-1} + \\ &\beta_8 SOE_i + \beta_9 LogAmount_{i,t} + \beta_{10} LogMaturity_{i,t} + \\ &\beta_{11} Put_{i,t} + \beta_{12} Collateral_{i,t} + \beta_{13} Rate_{i,t} + \\ &\beta_{14} IMR + \beta_i Industry + \beta_y Year + \varepsilon_{i,t} \end{aligned} \quad (6-8)$$

$$\begin{aligned} Underprice_{i,t} = &\beta_0 + \beta_1 High\_AQ_{i,t-1} + \beta_2 High\_AQ_{i,t-1} \times Toptier_{i,t-1} + \\ &\beta_3 Toptier_{i,t-1} + \beta_4 Size_{i,t-1} + \beta_5 Lev_{i,t-1}, + \beta_6 ROA_{i,t-1} + \\ &\beta_7 TobinQ_{i,t-1} + \beta_8 Growth_{i,t-1} + \beta_9 Z\_score_{i,t-1} + \end{aligned}$$

$$\beta_{10} SOE_i + \beta_{11} LogAmount_{i,t} + \beta_{12} LogMaturity_{i,t} +$$
$$\beta_{13} Put_{i,t} + \beta_{14} Collateral_{i,t} + \beta_{15} Rate_{i,t} +$$
$$\beta_{16} IMR + \beta_i Industry + \beta_y Year + \varepsilon_{i,t} \quad (6-9)$$

$$Underprice_{i,t} = \beta_0 + \beta_1 High\_AQ_{i,t-1} + \beta_2 High\_AQ_{i,t-1} \times Big4_{i,t-1} +$$
$$\beta_3 Big4_{i,t-1} + \beta_4 Size_{i,t-1} + \beta_5 Lev_{i,t-1}, + \beta_6 ROA_{i,t-1}$$
$$\beta_7 TobinQ_{i,t-1} + \beta_8 Growth_{i,t-1} + \beta_9 Z\_score_{i,t-1} +$$
$$\beta_{10} SOE_i + \beta_{11} LogAmount_{i,t} + \beta_{12} LogMaturity_{i,t} +$$
$$\beta_{13} Put_{i,t} + \beta_{14} Collateral_{i,t} + \beta_{15} Rate_{i,t} +$$
$$\beta_{16} IMR + \beta_i Industry + \beta_y Year + \varepsilon_{i,t} \quad (6-10)$$

表 6-7 为处理效应模型的回归结果。从第一阶段的回归结果可以看出，公司规模（$Size$）越大，公司更有可能拥有高质量的会计信息。公司成长性（$Growth$）与 $High\_AQ$ 之间的关系为负，且在 5% 水平上显著，说明成长性越好的公司，越不可能拥有高质量的会计信息。此外，我们还发现相对于非国有企业，国有企业（SOE）的会计信息质量较差（$coefficient = -0.310$；$t = -1.79$）。第二阶段的回归结果见表 6-7 第（2）至第（4）列。第（2）列汇报了使用处理效应模型后假设 H1 的检验结果。我们发现，在处理效应模型控制了选择偏差带来的影响后，公司的会计信息质量对公司债券抑价率仍然具有显著影响（$coefficient = -0.843$；$t = -3.82$），说明选择偏差对本章的主要结论影响有限。第（3）和第（4）列分别报告了使用处理效应模型后假设 H2 和假设 H3 的检验结果。回归结果显示，公司会计信息质量与公司债券抑价率始终负相关且在 1% 水平上显著，而承销商声誉与会计信息质量的交互项系数（$High\_AQ * Top\-tier$），以及审计师声誉与会计信息质量的交互项系数（$High\_AQ * Big4$）在回归中都显著为正 [见第（3）和第（4）列]，说明聘请高声誉的中介机构能弱化会计信息质量与公司债券抑价率之间的负相关关系。即当发债公司的信息环境较差，投资者无法了解公司的真实情况时，聘请高质量的承销商或审计师能降低公司与投资者之间的信息不对称，从而降低公司债券的抑价率。此外，我们从表 6-7 中还可以看出，第（2）至第（4）列，判断模型是否具有样本选择偏差的逆米尔斯比（IMR）的系数均没有通过显著性检验，说明我们无法拒绝 IMR 等于 0 的原假设，即样本选择偏差问题在本章中并不是很严重。

表6-7 处理效应模型回归结果

变量	第一阶段 High_AQ (1)	第二阶段 Underprice (2)	Underprice (3)	Underprice (4)
High_AQ		-0.843***	-1.108***	-0.973***
		(-3.82)	(-4.04)	(-3.37)
High_AQ * Toptier			1.275**	
			(2.20)	
High_AQ * Big4				1.057*
				(1.66)
Toptier				-0.988***
				(-3.63)
Big4	-0.574			-1.051
	(-1.48)			(-1.08)
Size	0.365***	0.230	0.274	0.499
	(3.98)	(1.19)	(1.62)	(1.12)
Lev	-1.765	-0.987	-1.290	-2.128
	(-1.60)	(-0.74)	(-1.01)	(-1.00)
ROA	-1.806	-1.751	-1.894	-3.667
	(-0.45)	(-0.36)	(-0.39)	(-0.60)
TobinQ	0.035	0.263***	0.278***	0.304**
	(0.41)	(2.88)	(3.19)	(2.43)
Growth	-0.318**	0.015	0.039	-0.219
	(-2.54)	(0.05)	(0.14)	(-0.93)
Z_score	0.001	-0.005***	-0.004***	-0.004**
	(0.31)	(-4.77)	(-4.30)	(-2.30)
SOE	-0.310*	-0.368	-0.387	-0.566**
	(-1.79)	(-1.53)	(-1.56)	(-2.40)
Boardsize	-0.263			
	(-0.55)			

续表 6-7

变量	第一阶段 High_AQ (1)	第二阶段 Underprice (2)	Underprice (3)	Underprice (4)
Indepratio	0.508 (0.26)			
Dual	-0.279 (-0.89)			
IMR		0.777 (0.66)	0.822 (0.72)	1.815 (1.37)
LogAmount		-0.093 (-0.23)	-0.091 (-0.23)	-0.097 (-0.22)
LogMaturity		-1.077 (-1.19)	-1.040 (-1.16)	-1.064 (-1.24)
Put		0.055 (0.15)	0.095 (0.30)	0.055 (0.15)
Collateral		0.349 (0.88)	0.334 (0.78)	0.311 (0.75)
Rate		-0.192 (-0.65)	-0.190 (-0.61)	-0.170 (-0.58)
Constant	-11.588*** (-3.69)	-3.433 (-0.26)	-5.079 (-0.40)	-13.542 (-0.76)
Year	Yes	Yes	Yes	Yes
Industry	Yes	Yes	Yes	Yes
Observations	374	374	374	374

注：第一阶段被解释变量为 High_AQ，若公司属于高会计信息质量组，则为1，否则为0；第二阶段被解释变量为公司债券抑价率 Underprice。每个模型均控制年度虚拟变量和行业虚拟变量。***、**、*分别表示在1%、5%和10%的水平上显著。

6.3.5.2 进一步控制其他因素的影响

为缓解遗漏变量导致的内生性问题，我们还控制了一系列公司治理相关变量、公司股价的市场波动率以及公司债券的票面利率。公司治理变量包括董事会规模、独立董事比例以及董事长和总经理是否两职合一。一般而言，董事会规模越大，独立董事在董事会中所占比例越高，以及董事长和总经理两职分离，意味着公司内部监督机制越强，公司治理水平越好。公司治理越好的企业，其与外部投资者之间的信息不对称水平较低，使得外部投资者能更准确地评估企业内在价值，并给予公司债券合理的票面利率，从而降低公司债券上市首日抑价率。但是在表 6-8 第（1）列中，我们并没有发现公司治理质量（*Boardsize*、*Indepratio*、*Dual*）与公司债券抑价率之间存在显著的相关关系，但是在控制了公司治理变量之后，*AQ_francis* 的系数仍然在 1% 水平上显著为负。这说明本章研究结论并非遗漏公司治理变量导致。为了避免重复，我们这里只报告了 *AQ_francis* 的系数。但在稳健性检验中，我们也根据 *AQ_dd* 和 *AQ_bs* 进行了一样的处理，结果依然一致。

Ge 和 Kim（2014）的研究发现，投资者对债券进行定价时会考虑发债公司的市场波动率。借鉴 Ge 和 Kim（2014）的方法，我们使用债券发行前一年日股票收益率的标准差来衡量公司的市场波动率，这里我们用 *Volatility* 来表示。一般而言，公司股价的波动率越高，风险越大，公司债券抑价水平也越高。为控制该因素对研究结论的影响，我们在模型中加入了 *Volatility* 变量。表 6-8 中第（2）列的结果显示，在控制了发债公司的市场波动率后，*AQ_francis* 的系数仍然在 1% 水平上显著为负。这说明控制了 *Volatility* 后，我们的研究结论依然成立。

另外，考虑到公司债券较高的票面利率会影响债券二级市场的流动性，进而影响公司债券的抑价率。因而，我们进一步控制了公司债券的票面利率。我们这里用 *Coupon* 来表示。从表 6-8 第（3）列可知，公司债券票面利率（*Coupon*）越高，债券抑价率也越高（*coefficient* = 1.158；*t* = 3.95）。最重要的是，在加入 *Coupon* 变量之后，*AQ_francis* 的系数仍然在 1% 水平上显著为负。最后，我们把 *Boardsize*、*Indepratio*、*Dual*、*Volatility* 以及 *Coupon* 这些变量都放入表 6-8 中的第（4）列，结果显示，会计信息质量指标 *AQ_francis* 的系数依然在 1% 水平上显著为负。这说明进一步控制其他因素的影响后，本章的研究结论依然成立。

表6-8 进一步控制其他因素的影响

变量	(1)	(2)	(3)	(4)
AQ_francis	-9.647**	-9.459**	-9.143**	-9.375***
	(-5.23)	(-5.65)	(-6.11)	(-5.32)
Boardsize	0.252			0.341
	(0.19)			(0.31)
Indepratio	-2.251			-4.407*
	(-1.08)			(-1.97)
Dual	-0.035			-0.144
	(-0.09)			(-0.55)
Volatility		0.023		0.036
		(0.43)		(0.80)
Coupon			1.158**	1.203***
			(3.95)	(4.25)
Size	0.096	0.087	0.207	0.227
	(0.38)	(0.45)	(1.23)	(1.05)
Lev	-0.405	-0.187	0.011	-0.137
	(-0.46)	(-0.22)	(0.01)	(-0.16)
ROA	-2.118	-2.859	1.787	0.482
	(-0.33)	(-0.55)	(0.55)	(0.11)
TobinQ	0.324*	0.291*	0.368**	0.414***
	(2.57)	(2.51)	(3.14)	(3.53)
Growth	0.013	-0.033	-0.264*	-0.297
	(0.09)	(-0.19)	(-1.83)	(-1.60)
Z_score	-0.004*	-0.004**	-0.002*	-0.002
	(-2.14)	(-2.85)	(-2.46)	(-1.28)
SOE	-0.204	-0.204	0.490**	0.540**
	(-0.93)	(-0.88)	(2.68)	(2.48)
LogAmount	-0.032	-0.045	0.034	0.036
	(-0.07)	(-0.10)	(0.09)	(0.09)
LogMaturity	-1.085	-1.088	-1.530*	-1.488*
	(-1.47)	(-1.51)	(-1.96)	(-1.89)

续表 6-8

变量	(1)	(2)	(3)	(4)
Put	0.069	0.044	0.123	0.105
	(0.17)	(0.10)	(0.29)	(0.24)
Collateral	0.325	0.253	-0.065	0.001
	(0.92)	(0.70)	(-0.20)	(0.00)
Rate	-0.174	-0.137	0.389	0.361
	(-0.61)	(-0.48)	(1.29)	(1.19)
Constant	1.976	3.909	-11.160	-11.640
	(0.18)	(0.38)	(-1.39)	(-1.31)
Year	Yes	Yes	Yes	Yes
Industry	Yes	Yes	Yes	Yes
Observations	370	374	373	369
Adjusted R^2	0.160	0.163	0.283	0.285

注：被解释变量为公司债券抑价率 Underprice。每个模型均控制年度虚拟变量和行业虚拟变量。***、**、*分别表示在1%、5%和10%的水平上显著。

6.3.6 路径分析

在前面部分，我们得出会计信息质量能降低公司债券上市首日抑价率，并且当发债公司的会计信息质量较差时，聘请高声誉的中介机构能降低公司债券上市首日的抑价率这两个结论，并从多个角度进行了内生性检验。下面，为了更好地厘清中介声誉（这里指承销商声誉和审计师声誉）究竟能在多大程度上缓解由于会计信息质量较差导致公司债券抑价率较高这一现状，受 Bhattacharya 等（2011）的启发，我们使用中介效应模型进行分析。这一做法有利于我们进一步理解会计信息质量在公司债券一级发行市场和二级交易市场中所发挥的作用。

6.3.6.1 承销商声誉的中介效应

为了探究会计信息质量对公司债券抑价率的影响机制，在已有文献基础上，我们采用 Baron 和 Kenny（1986）推荐的步骤，来检验主承销商声誉对会计信息质量和债券抑价率之间的关系是否存在中介效应。图6-5为检验路径分析的理论模型。其中，会计信息质量、$AQ\_francis$、AQ_dd 以及 AQ_bs 为源变量（source variables），公司债券抑价率（Underprice）为结果变量（outcome variables），高声誉承销商（*Toptier*）为中介变量（mediator variables）。在图中，我们预期会计信息质量对公司债券抑价率有两条作用路径。第一条为直接路径（direct path），即会计信息质量直接影响债券抑价率；第二条为间接路径（indirect path），即公司会计信息质量先影响承销商选择，然后通过承销商选择对公司债券抑价率产生影响。通过路径分析，我们首先可以检验间接路径是否存在；如果存在的话，我们则可以进一步比较直接路径和间接路径的大小。

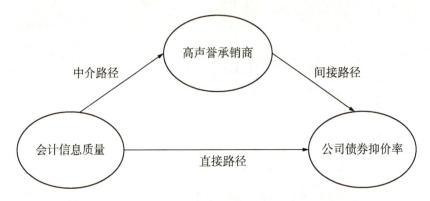

图 6-5　基本路径示意：承销商声誉的中介效应

具体而言，可以分为以下三个步骤。第一步，在控制其他变量的基础上，检验会计信息质量对公司债券抑价率的影响；第二步，检验企业的会计信息质量对聘请高声誉承销商的影响；第三步，同时分析会计信息质量和主承销商声誉对公司债券抑价率的影响，未报告的结果显示公司的会计信息质量越高，越有可能聘请高质量的主承销商，而高声誉的主承销商可进一步降低公司债券的抑价率，这说明承销商声誉在会计信息质量与公司债券抑价率之间起到中介作用。为了验证高声誉的主承销商是会计信息质量与债券抑价率之间的中介变量，我们还采用 Goodman I、Goodman II 以及 Sobel（1982）得出的三种方法进行统计检验。① 由表 6-9 可知，主承销商声誉作为中介变量均通过了 Goodman（I，

---

① Goodman I 的计算公式为：$\dfrac{\alpha\beta}{\sqrt{\alpha^2\sigma_\beta^2 + \beta^2\sigma_\alpha^2 + \sigma_\alpha^2\sigma_\beta^2}}$；Goodman II 的计算公式为：$\dfrac{\alpha\beta}{\sqrt{\alpha^2\sigma_\beta^2 + \beta^2\sigma_\alpha^2 + \sigma_\alpha^2\sigma_\beta^2}}$；Sobel 的计算公式为：$\dfrac{\alpha\beta}{\sqrt{\alpha^2\sigma_\beta^2 + \beta^2\sigma_\alpha^2}}$。在间接路径中，*Toptier* $= \alpha \times AQ + \varepsilon$，$\alpha$ 为会计信息质量的回归系数；$Underprice = \beta \times Toptier + c' \times AQ + \epsilon$，$\beta$ 为 *Toptier* 的回归系数。σ_α^2、σ_β^2 分别为 α 和 β 的方差。

II) 和 Sobel 检验（$p < 0.10$）。说明主承销商声誉作为中介变量的间接路径是存在的。

此外，我们还比较了直接路径和间接路径的大小。表 6-9 表明，$AQ\_francis$ 与 $Underprice$ 之间的负相关，大约有 89.7% 源自于直接路径，只有 10.3% 来源于间接路径，即通过影响承销商选择，进而影响债券抑价率来实现。针对 AQ_dd 和 AQ_bs 变量，我们也得到了类似的结论。总而言之，我们发现要想降低公司债券的抑价水平，还应该从根本上提高发行人的会计信息质量。

表 6-9 承销商声誉的中介效应

检验方法	源变量	检验统计量	p 值
中介回归结果			
Goodman I	$AQ\_francis$	-1.68	0.09
	AQ_dd	-1.73	0.08
	AQ_bs	-1.62	0.10
Goodman II	$AQ\_francis$	-1.83	0.07
	AQ_dd	-1.89	0.06
	AQ_bs	-1.79	0.07
Sobel	$AQ\_francis$	-1.75	0.08
	AQ_dd	-1.79	0.07
	AQ_bs	-1.69	0.09

检验方法	$AQ\_francis$	AQ_dd	AQ_bs
中介效应			
间接路径	10.32%	11.19%	11.46%
直接路径	89.68%	88.81%	88.54%
间接路径/直接路径	11.51%	12.60%	12.94%

6.3.6.2 审计师声誉的中介效应

通过前文的论述，我们知道承销商声誉存在中介效应。这里，我们仍然采用 Baron 和 Kenny (1986) 推荐的步骤，来检验审计师声誉对会计信息质量和债券抑价率之间的关系是否存在中介效应。图 6-6 为检验路径分析的理论模型。

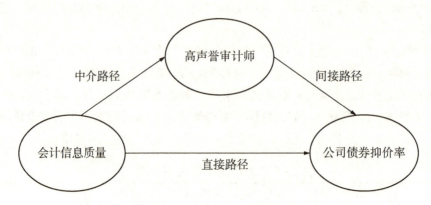

图 6-6 基本路径示意：审计师声誉的中介效应

与之前一致，我们采用 Goodman I、Goodman II 以及 Sobel（1982）这三种方法来验证高声誉的审计师是否为会计信息质量与债券抑价率之间的中介变量。通过统计检验，我们并没有发现审计师声誉对会计信息质量和债券抑价率之间的关系存在中介效应。鉴于该结果并没有通过统计检验，因而我们没有在正文中报告。

6.4 进一步研究

6.4.1 对多次发行公司债券样本的考察

针对债券发行抑价，Cai 等（2007）认为，公司首次发行公司债券的抑价水平要高于后续债券发行的抑价水平，因为公司首次发行公司债券已经向投资者传递了许多有用信息，降低了后续债券发行过程中投资者与公司之间的信息不对称。我们根据债券发行方式将同一家公司的债券发行划分为首次债券发行（initial bond offering, IBO）和后续债券发行（secondary bond offering, SBO）。在之前的全样本研究中，我们发现会计信息质量与公司债券抑价率之间存在负相关关系。在这一部分，我们试图考察上述关系对于 SBO 样本是否成立。

针对数据筛选，我们首先剔除在样本区间内只发行过一次公司债券的企业，即仅选择那些有过多次公司债券发行经验的上市企业。之后，我们从筛选后的样本中再剔除同一家企业发行的第一只公司债券，这里我们通过债券的发行日期来确定债券的先后顺序。经过上述筛选，共有 79 只公司债券参与回归分析。

这些债券属于 SBO 样本,即投资者在之前的询价(bookbuilding)过程中已经对这些发债公司有过充分了解。考虑到投资者能从公司债券的第一次发行过程中了解到发债公司的许多信息,包括其会计信息质量、盈利情况、债券在二级市场中的表现以及之后的评级变动等,投资者与这些发债公司的信息不对称水平已经得到很大程度的缓解。因而,针对同一发行人后续发行的公司债券(SBO),想通过进一步提高公司会计信息质量的方式来降低公司债券的抑价率可能作用不大。

表 6–10 为 SBO 样本中会计信息质量与债券抑价率关系的回归结果。我们发现,AQ_dd 和 AQ_bs 与债券抑价率之间的关系在统计上并不显著,而 $AQ\_francis$ 与 $Underprice$ 在 10% 水平上显著负相关。不论是从系数大小上,还是从显著性水平上,我们发现 SBO 样本中会计信息质量的回归系数(见表 6–10)均分析低于全样本中会计信息质量的回归系数(见表 6–4)。此外,我们还单独针对 IBO 样本进行回归分析(未报告),我们发现会计信息质量与公司债券抑价率在 1% 水平上显著负相关。上述结果表明,投资者在债券首次发行过程中已经获悉了很多信息,因此提高会计信息质量对于降低后续债券的抑价水平效果不是很大。除了上述提及的原因,我们认为 IBO 与 SBO 之间的时间间隔较短也是造成会计信息质量的回归系数不显著的原因之一。通过基本的统计分析,我们得知 IBO 与 SBO 的平均时间间隔为 13.6 个月。在这么短的时间内,公司的会计信息质量很难发生太大的变化,这意味着投资者仍然可以根据之前的信息来做出判断。因而,在后续债券发行过程中,会计信息质量对公司债券抑价率的影响很有限。

表 6–10　会计信息质量与公司债券抑价率:针对 SBO 样本

变量	(1)	(2)	(3)
AQ_dd	-7.401 (-1.44)		
$AQ\_francis$		-8.915* (-1.93)	
AQ_bs			-7.826 (-1.53)
$Size$	-0.228 (-0.41)	-0.091 (-0.19)	-0.209 (-0.38)

续表 6-10

变量	(1)	(2)	(3)
Lev	-3.947 (-1.59)	-4.362** (-2.30)	-3.987 (-1.59)
ROA	4.881 (0.61)	4.385 (0.58)	5.066 (0.65)
$TobinQ$	-0.741*** (-3.38)	-0.654*** (-3.09)	-0.730*** (-3.29)
$Growth$	-0.067 (-0.07)	-0.041 (-0.04)	-0.100 (-0.10)
Z_score	0.003 (0.29)	0.002 (0.26)	0.002 (0.29)
SOE	-1.725* (-1.99)	-1.692* (-1.92)	-1.696* (-1.96)
$LogAmount$	0.709 (0.76)	0.565 (0.60)	0.690 (0.75)
$LogMaturity$	-0.622 (-0.58)	-0.474 (-0.45)	-0.585 (-0.56)
Put	-0.472 (-0.78)	-0.475 (-0.77)	-0.469 (-0.77)
$Collateral$	-1.011 (-0.86)	-1.051 (-0.92)	-1.017 (-0.88)
$Rate$	-0.074 (-0.09)	-0.022 (-0.03)	-0.077 (-0.09)
$Constant$	6.487 (0.78)	5.948 (0.72)	6.364 (0.75)
Year	Yes	Yes	Yes
Industry	Yes	Yes	Yes
Observations	79	79	79
Adjusted R^2	0.255	0.278	0.260

注：被解释变量为公司债券抑价率 Underprice。每个模型均控制年度虚拟变量和行业虚拟变量。***、**、*分别表示在1%、5%和10%的水平上显著。

6.4.2 市场环境差异的影响

Wei 等（2011）指出，在研究中国相关问题时，我们不能忽视各省级层面市场环境的差异。与方轶强和夏立军（2005）一致，我们采用市场化指数（*Market*）作为制度环境的代理变量。*Market* 越大，说明区域的市场化环境越好，这一数据来自于樊纲等（2011）。我们根据 *Market* 的年度行业中位数，将样本分为市场化程度较高组和较低组。在市场化程度较高的地区中，市场监督机制更加完善，公司受到的制度约束也会更加严格。在这种环境下，公司与投资者之间的信息不对称会被大大减弱。然而，在市场化程度较低的地区，公司所受到的制度环境约束较弱，政府履行其监督管理职能的积极性较差，公司与投资者之间的信息不对称问题较为严重。在这种情况下，如果公司主动地对外披露相关信息或提高其信息质量，让外部投资者更好地了解该发债公司，可能能在更大程度上降低公司债券的抑价率。因而，我们预期会计信息质量对于债券抑价率的影响应该在市场化程度较低组中更为显著。为了验证这一预期，我们采用了分样本检验的方法，分别对市场化程度较低组和市场化程度较高组这两组样本进行回归。分组回归结果见表6–11。可以看出，第（1）至第（3）列中回归系数的显著水平和绝对值均高于第（4）至第（6）列中的回归系数，说明本章的主要结论在市场化程度较低组更为显著。此外，我们还对会计信息质量的回归系数进行 Chow 检验。结果表明，两组样本中会计信息质量对债券抑价率的影响存在显著差异。

表6–11 不同市场化程度下的会计信息质量与债券抑价率的分样本检验结果

变量	市场化程度较低组			市场化程度较高组		
	(1)	(2)	(3)	(4)	(5)	(6)
AQ_dd	-12.601**			-5.368*		
	(-5.20)			(-1.92)		
$AQ\_francis$		-10.104**			-6.828*	
		(-4.30)			(-2.52)	
AQ_bs			-12.921**			-5.700**
			(-5.82)			(-2.14)
$Size$	0.106	0.104	0.103	0.083	0.079	0.077
	(0.47)	(0.46)	(0.45)	(0.64)	(0.55)	(0.56)

续表 6-11

变量	市场化程度较低组			市场化程度较高组		
	(1)	(2)	(3)	(4)	(5)	(6)
Lev	-0.940	-1.068	-0.954	-0.789	-0.972	-0.787
	(-0.40)	(-0.44)	(-0.41)	(-0.41)	(-0.51)	(-0.40)
ROA	-6.257	-2.994	-6.061	-9.710	-9.829	-9.978
	(-1.11)	(-0.61)	(-1.06)	(-1.07)	(-1.07)	(-1.08)
TobinQ	0.341*	0.270	0.340*	0.502**	0.529**	0.504***
	(1.69)	(1.27)	(1.72)	(2.97)	(3.23)	(3.01)
Growth	0.129	0.025	0.118	-0.187	-0.201	-0.191
	(0.64)	(0.10)	(0.55)	(-0.87)	(-0.83)	(-0.90)
Z_score	-0.003	-0.005	-0.003	-0.004	-0.004	-0.004
	(-0.74)	(-1.08)	(-0.69)	(-0.90)	(-0.83)	(-0.91)
SOE	0.181	0.219	0.174	-1.196**	-1.174**	-1.189***
	(0.49)	(0.55)	(0.47)	(-6.53)	(-6.78)	(-6.21)
LogAmount	-0.276	-0.270	-0.280	0.253	0.268	0.259
	(-0.51)	(-0.51)	(-0.52)	(0.26)	(0.30)	(0.27)
LogMaturity	-1.789*	-1.671*	-1.761*	-1.029	-0.933	-1.032
	(-1.78)	(-1.74)	(-1.77)	(-1.54)	(-1.52)	(-1.55)
Put	0.232	0.233	0.216	0.046	0.078	0.050
	(0.34)	(0.32)	(0.32)	(0.09)	(0.15)	(0.10)
Collateral	0.055	0.128	0.057	0.274	0.245	0.265
	(0.07)	(0.17)	(0.08)	(0.79)	(0.71)	(0.76)
Rate	-0.240	-0.348	-0.246	0.198	0.206	0.204
	(-0.48)	(-0.70)	(-0.49)	(0.37)	(0.38)	(0.37)
Constant	14.376	13.899	14.461	-1.885	-2.306	-1.839
	(1.53)	(1.49)	(1.57)	(-0.09)	(-0.12)	(-0.09)
Year	Yes	Yes	Yes	Yes	Yes	Yes
Industry	Yes	Yes	Yes	Yes	Yes	Yes
Observations	213	213	213	161	161	161
Adjusted R^2	0.206	0.182	0.211	0.116	0.123	0.118

注：被解释变量为公司债券抑价率 Underprice。每个模型均控制年度虚拟变量和行业虚拟变量。***、**、* 分别表示在1%、5%和10%的水平上显著。

6.5 稳健性检验

6.5.1 公司债券抑价率指标敏感性测试

为测试研究结论对债券抑价率衡量指标的敏感性,我们还采用其他两个抑价率度量指标作为因变量的替代变量。借鉴他们的方法(Leone 等,2007;陈胜蓝,2010),我们使用公司债券抑价率的自然对数形式作为因变量(LogUnderprice)。回归结果见表6-12中第(1)至第(3)列。可以发现,本章的主要结论并没有发生变化,会计信息质量与公司债券抑价率仍在1%水平上显著负相关。此外,我们还使用不经过市场调整的异常回报率作为公司债券抑价率的替代变量,即在稳健性中,我们仅考虑公司债券上市首日的收盘价与发行价格之间的差异(Pricechange)。表6-12第(4)至第(6)列报告了这一结果。我们发现本章的研究结论依然成立。总之,不论是使用 LogUnderprice 或 Pricechange 作为债券抑价率指标,会计信息质量的系数均在1%水平上显著为负,这表明本章的研究结论对公司债券抑价率指标的选取并不敏感。

表6-12 公司债券抑价率指标敏感性

变量	LogUnderprice			Pricechange		
	(1)	(2)	(3)	(4)	(5)	(6)
AQ_dd	-2.447***			-7.410***		
	(-5.10)			(-2.73)		
AQ_francis		-2.687***			-7.580***	
		(-4.65)			(-2.72)	
AQ_bs			-2.571***			-7.811***
			(-5.07)			(-2.92)
Size	0.035	0.036	0.033	0.104	0.102	0.100
	(0.55)	(0.52)	(0.53)	(0.50)	(0.48)	(0.46)
Lev	0.058	0.009	0.066	-0.978	-1.088	-0.956
	(0.26)	(0.03)	(0.30)	(-0.63)	(-0.76)	(-0.60)

续表 6–12

变量	LogUnderprice			Pricechange		
	(1)	(2)	(3)	(4)	(5)	(6)
ROA	0.625 (0.38)	1.045 (0.67)	0.609 (0.37)	−1.572 (−0.25)	−0.208 (−0.04)	−1.644 (−0.26)
TobinQ	0.056 (1.09)	0.060 (1.10)	0.057 (1.10)	0.283** (2.52)	0.290** (2.43)	0.286** (2.51)
Growth	0.066 (0.71)	0.037 (0.41)	0.063 (0.69)	−0.067 (−0.30)	−0.146 (−0.72)	−0.076 (−0.33)
Z_score	−0.003** (−2.04)	−0.003** (−2.35)	−0.003** (−2.00)	−0.004** (−2.43)	−0.004*** (−3.03)	−0.003** (−2.33)
SOE	−0.203 (−1.34)	−0.194 (−1.23)	−0.204 (−1.34)	−0.248 (−0.99)	−0.224 (−0.89)	−0.250 (−1.00)
LogAmount	0.090 (0.90)	0.098 (0.96)	0.091 (0.90)	−0.005 (−0.01)	0.014 (0.03)	−0.003 (−0.01)
LogMaturity	−0.203 (−0.89)	−0.187 (−0.89)	−0.200 (−0.89)	−1.134 (−1.44)	−1.061 (−1.41)	−1.118 (−1.43)
Put	0.048 (0.37)	0.059 (0.43)	0.047 (0.36)	0.116 (0.35)	0.141 (0.40)	0.113 (0.34)
Collateral	0.385** (2.56)	0.373** (2.56)	0.382** (2.54)	0.378 (0.98)	0.357 (0.97)	0.370 (0.96)
Rate	−0.182*** (−3.01)	−0.190*** (−3.26)	−0.179*** (−2.89)	−0.295 (−0.88)	−0.323 (−1.02)	−0.289 (−0.85)
Constant	−1.560 (−0.64)	−1.777 (−0.73)	−1.527 (−0.63)	11.400 (1.20)	10.879 (1.16)	11.440 (1.22)
Year	Yes	Yes	Yes	Yes	Yes	Yes
Industry	Yes	Yes	Yes	Yes	Yes	Yes
Observations	374	374	374	374	374	374
Adjusted R^2	0.301	0.304	0.303	0.176	0.176	0.178

注：第（1）至第（3）列中，被解释变量为公司债券抑价率 LogUnderprice；第（4）至第（6）列中，被解释变量为公司债券抑价率 Pricechange。每个模型均控制年度虚拟变量和行业虚拟变量。***、**、*分别表示在 1%、5% 和 10% 的水平上显著。

6.5.2 针对同一家公司一年内多次发行公司债券的处理

考虑到我们的样本中包含同一家公司一年内发行的多只公司债券，针对这一情况，我们进行了以下两种处理。第一，借鉴陈超和李镕伊（2014）的方法，对于同一个发行人在同一年发行多只公司债券的情况，我们只保留发行人发行的第一只公司债券（按照公司债券编号区分）并重新进行回归。表6-13中的A组列示了该结果。我们发现 AQ_dd、$AQ\_francis$、AQ_bs 的系数仍然为负且在1%水平上显著，说明本章的研究结论没有发生变化。第二，对于同一家公司一年内发行的多只公司债券，我们仅挑选发行金额最大的公司债券进行回归。表6-13中的B组汇报了该结果。我们发现会计信息质量与债券抑价率均在1%水平上显著负相关，说明本章的结论依然稳健。

表6-13 针对同一家公司一年内多次发行公司债券的处理

变量	(1)	(2)	(3)
A组：只取同一家公司一年内发行的第一只公司债券			
AQ_dd	-8.674*** (-3.30)		
$AQ\_francis$		-8.503*** (-3.76)	
AQ_bs			-8.960*** (-3.43)
Firm and bond controls	Yes	Yes	Yes
Rate	Yes	Yes	Yes
Year fixed effects	Yes	Yes	Yes
Industry fixed effects	Yes	Yes	Yes
Observations	329	329	329
Adjusted R^2	0.147	0.144	0.149
B组：只取同一家公司一年内发行的最大规模的公司债券			
AQ_dd	-8.559*** (-4.06)		
$AQ\_francis$		-8.366*** (-4.62)	

续表 6–13

变量	(1)	(2)	(3)
AQ_bs			-8.864***
			(-4.17)
Firm and bond controls	Yes	Yes	Yes
Rate	Yes	Yes	Yes
Year fixed effects	Yes	Yes	Yes
Industry fixed effects	Yes	Yes	Yes
Observations	329	329	329
Adjusted R^2	0.127	0.124	0.130

注：被解释变量为公司债券抑价率 Underprice。每个模型均控制年度虚拟变量和行业虚拟变量。***、**、* 分别表示在1%、5%和10%的水平上显著。出于篇幅考虑，我们这里并未列出其他控制变量。

6.5.3 进一步控制债券的发行目的

考虑到募集资金的用途不同可能会对公司债券的抑价率产生影响，因而我们使用一系列的虚拟变量来控制债券募集资金的用途（Purpose），结果显示原有结论并不发生改变［见表 6–14 第（1）至第（3）列］。这说明本章的研究结果并不因为遗漏债券发行目的这一变量而有所改变。

6.5.4 对公司规模的考虑

根据表 6–2 的 Pearson 相关系数，我们知道公司规模（Size）与债券规模（LogAmount）的相关系数高达0.79，且在1%显著性水平上显著。为了解决这个问题，我们在稳健性检验中没有考虑公司规模，只保留债券规模，回归结果见表 6–14 中的第（4）至第（6）列。结果发现会计信息质量与债券抑价率依旧在1%水平上显著负相关。

6.5.5 对数据极端值敏感性的处理

我们还考察了研究结论对数据极端值的敏感性。表 6–14 中的第（7）列到第（9）列报告了采用对极端值不敏感的中位数回归得到的结果。我们发现，无论是使用哪个指标，会计信息质量与债券抑价率之间的关系至少在5%水平上显著为负，这说明本研究结论并非异常值所导致。

第 6 章 会计信息质量与公司债券二级市场定价：上市首日抑价率

表 6 – 14 其他稳健性测试

变量	控制债券用途			减小规模变量			中位数回归			bootstrap 方法		
	(1)	(2)	(3)	(4)	(5)	(6)	(7)	(8)	(9)	(10)	(11)	(12)
AQ_dd	-9.118**			-9.056**			-6.005*			-9.172**		
	(-4.76)			(-4.37)			(-2.21)			(-3.96)		
$AQ\_francis$		-9.286**			-9.304**			-6.431*			-9.414**	
		(-5.46)			(-4.93)			(-2.35)			(-4.36)	
AQ_bs			-9.412**			-9.439**			-5.986*			-9.536***
			(-4.68)			(-4.44)			(-2.19)			(-3.67)
Size	0.076	0.074	0.069	0.165	0.022	0.180	0.160	0.110	0.155	0.089	0.087	0.083
	(0.45)	(0.41)	(0.39)	(0.24)	(0.03)	(0.26)	(0.66)	(0.50)	(0.66)	(0.41)	(0.39)	(0.35)
Lev	0.146	0.002	0.175	0.165	-0.010	0.079	-0.134	0.461	-0.011	-0.067	-0.205	-0.035
	(0.21)	(0.00)	(0.24)	(0.24)	(-0.08)	(0.55)	(-0.10)	(0.39)	(-0.01)	(-0.06)	(-0.17)	(-0.03)
ROA	-3.622	-1.927	-3.639	-3.797	-2.143	-3.858	-5.746	-1.771	-4.707	-4.044	-2.362	-4.082
	(-0.75)	(-0.43)	(-0.76)	(-0.76)	(-0.46)	(-0.77)	(-0.76)	(-0.26)	(-0.63)	(-0.73)	(-0.41)	(-0.71)
TobinQ	0.294**	0.302**	0.296**	0.280**	0.289**	0.283**	0.482*	0.347	0.474*	0.296	0.305*	0.298
	(2.99)	(2.85)	(2.99)	(2.92)	(2.75)	(2.93)	(2.07)	(1.58)	(2.12)	(1.57)	(1.67)	(1.61)
Growth	0.157	0.060	0.149	0.086	-0.010	0.079	-0.260	-0.343	-0.225	0.091	-0.006	0.084
	(0.89)	(0.35)	(0.83)	(0.61)	(-0.08)	(0.55)	(-0.89)	(-1.14)	(-0.72)	(0.31)	(-0.02)	(0.26)
Z_score	-0.003**	-0.004**	-0.003**	-0.003*	-0.004**	-0.003*	-0.004	-0.004	-0.005	-0.003	-0.004	-0.003
	(-2.85)	(-3.43)	(-2.62)	(-2.42)	(-2.90)	(-2.24)	(-1.28)	(-1.38)	(-1.50)	(-1.04)	(-1.36)	(-1.15)
SOE	-0.256	-0.226	-0.258	-0.246	-0.217	-0.248	-0.342	-0.408	-0.302	-0.249	-0.219	-0.251
	(-1.04)	(-0.91)	(-1.05)	(-1.08)	(-0.94)	(-1.09)	(-0.87)	(-1.24)	(-0.79)	(-0.71)	(-0.65)	(-0.71)

续表 6-14

变量	控制债券用途			减小规模变量			中位数回归			bootstrap 方法		
	(1)	(2)	(3)	(4)	(5)	(6)	(7)	(8)	(9)	(10)	(11)	(12)
LogAmount	-0.072	-0.050	-0.071	0.008	0.029	0.004	0.187	0.274	0.177	-0.060	-0.036	-0.058
	(-0.16)	(-0.12)	(-0.16)	(0.02)	(0.07)	(0.01)	(0.65)	(0.99)	(0.62)	(-0.16)	(-0.11)	(-0.17)
LogMaturity	-1.252	-1.163	-1.230	-1.174	-1.085	-1.155	-0.520	-0.723	-0.500	-1.188*	-1.098*	-1.167*
	(-1.62)	(-1.61)	(-1.62)	(-1.48)	(-1.46)	(-1.48)	(-0.85)	(-1.21)	(-0.81)	(-1.65)	(-1.74)	(-1.83)
Put	0.027	0.058	0.022	-0.017	0.015	-0.019	0.217	0.364	0.256	0.020	0.052	0.015
	(0.07)	(0.14)	(0.06)	(-0.05)	(0.04)	(-0.06)	(0.57)	(0.90)	(0.66)	(0.05)	(0.15)	(0.05)
Collateral	0.214	0.190	0.206	0.257	0.231	0.250	0.284	0.260	0.279	0.281	0.254	0.271
	(0.53)	(0.49)	(0.52)	(0.70)	(0.66)	(0.68)	(0.71)	(0.66)	(0.65)	(0.82)	(0.74)	(0.82)
Rate	0.000	-0.036	0.004	-0.062	-0.098	-0.059	-0.136	-0.134	-0.126	-0.102	-0.137	-0.096
	(0.00)	(-0.13)	(0.01)	(-0.22)	(-0.37)	(-0.21)	(-0.51)	(-0.50)	(-0.48)	(-0.34)	(-0.47)	(-0.32)
Constant	9.072	8.369	9.099	5.045	4.380	5.095	-0.287	-1.246	-0.294	5.176	4.770	5.284
	(0.87)	(0.83)	(0.88)	(0.49)	(0.44)	(0.49)	(-0.04)	(-0.18)	(-0.04)	(0.78)	(0.76)	(0.88)
Purpose	Yes	Yes	Yes	No	No	No	No	No	No	No	No	No
Year	Yes	Yes	Yes	Yes	Yes	Yes	Yes	Yes	Yes	Yes	Yes	Yes
Industry	Yes	Yes	Yes	Yes	Yes	Yes	Yes	Yes	Yes	Yes	Yes	Yes
Observations	374	374	374	374	374	374	374	374	374	374	374	374
Adjusted/Pseudo R^2	0.176	0.177	0.179	0.166	0.167	0.169	0.176	0.179	0.177	0.163	0.165	0.167

注：变量定义见表 6-1；被解释变量为公司债券抑价率 Underprice。每个模型均控制年度虚拟变量和行业虚拟变量。***、**、*分别表示在 1%、5% 和 10% 的水平上显著。

6.5.6 使用 bootstrap 方法

考虑到我们的回归样本仅有 374 个观测值，这可能不太满足 OLS 回归中要求的正态分布。Crespí-Cladera 和 Pascual-Fuster（2014）认为，bootstrap 方法可以较好地解决这一问题，因为 bootstrap 方法并不需要数据的正态性分布。因而，我们采用 bootstrap 方法来计算标准误并对样本重新进行回归，迭代次数为 500 次。回归结果见表 6-14 中第（10）至第（12）列。我们发现 AQ_dd、$AQ\_francis$ 和 AQ_bs 的回归系数均在 1% 水平上显著为负。说明采用 bootstrap 方法后，回归结果仍然支持前文的研究结论。

6.6 本章小结

本章就会计信息在公司债券一级发行市场和二级交易市场中的作用进行了初步探讨，主要研究会计信息质量在债券上市首日所起到的作用。本章选取了 2007—2015 年在上海证券交易所和深圳证券交易所发行的公司债券作为我们的研究样本，基于应计项目操控模型，研究了发债公司的会计信息质量对于公司债券抑价率的影响。

公司债券抑价的定义为：经过市场收益率调整后，债券首个交易日的收盘价与发行价之间的差异。差异越大，说明债券抑价率越高。造成抑价的主要原因，是债券上市过程中存在着大量信息不对称，如公司与投资者之间以及知情投资者与不知情投资者之间的信息不对称。我们的研究表明，在控制其他因素条件下，会计信息质量越高的公司，其发行的公司债券抑价率越低。说明投资者从会计信息质量的角度遴选发债公司，可以缓解他们与公司之间的信息不对称，使得债券定价趋于合理。当面临债券抑价率过高的问题时，公司除了提高其信息披露质量外，也可以选择其他方式向市场传递自身"质优"的信号。我们的研究发现，聘请高声誉的主承销商或审计师能向市场传递出积极的信号。当公司自身的会计信息质量较差时，聘请高声誉的主承销商或高声誉的审计师（"四大"）能降低公司债券上市首日的抑价率。针对文章的内生性问题，我们使用两阶段处理效应模型以及加入额外控制变量来缓解。在控制了可能存在的内生性后，上述结论依然成立。

在探究影响机制上，本章发现承销商声誉对会计信息质量和公司债券抑价率之间的关系起中介效应。会计信息质量对抑价率的影响路径有两条：一方面，公司的会计信息质量直接抑制债券抑价水平；另一方面，公司的会计信息质量越高，越有可能聘请高声誉的主承销商，而高声誉的主承销商可进一步降低公司债券的抑价率。我们还发现，会计信息质量与债券抑价率之间的负向关系大约有 90% 源自于直接路径，只有 10% 来源于间接路径，即通过影响承销商选择，进而影响债券抑价率来实现。总而言之，我们发现公司要想降低公司债券的抑价率，还应该从根本上提高其会计信息质量。然而针对审计师声誉，我们并没有发现高声誉的审计师具有中介效应。

在进一步研究中，我们还考察了会计信息质量与债券抑价率之间的关系在后续多次发行债券的样本中是否仍然成立。由于公司 i 在发行公司债券 B 之前已经发行过公司债券 A，则公司 i 的许多信息，包括其信息环境，在发行 A 债券时已被市场所认知。因而我们的研究发现，在后续债券发行过程中，会计信息质量对公司债券抑价率的影响很有限。此外，针对市场环境的不同，我们通过分组回归，发现会计信息质量对于债券抑价率的影响在市场化程度较低组中更为显著。

本章的研究不仅从理论层面拓展了债券定价的相关文献，而且对于认识承销商、审计师等中介机构在资本市场中的作用，以及提高企业会计信息质量、降低公司债券抑价水平、促进资本市场平稳发展具有重要的现实意义。我们的研究结论显示，公司的会计信息质量在债券定价中起到关键作用，因此承销商在进行债券承销，评级机构在进行债券评级，甚至投资者在进行债券买卖时都可以以此作为参考依据，从而降低相关风险。

第 7 章 结 论

《中共中央关于完善社会主义市场经济体制若干问题的决定》明确提出要大力发展债券市场，扩大企业直接融资比例。因此，如何推动公司债券市场健康有序的发展已经成为学术界和实务界关注的重要问题。会计信息作为一种重要的信息来源，一直以来都是投资者关注的重点。而高质量的会计信息能够提供给投资者更多的决策相关信息，从这个角度来说，高质量的会计信息有助于投资者对于公司真实价值的判断，从而保护其利益。本书基于中国的公司债券市场，就会计信息在公司债券市场中的作用进行了较为系统的探讨，我们选取了 2007—2015 年在沪、深证券交易所公开发行的公司债券作为初始研究样本，以委托代理理论和信息不对称理论为基础，采用实证研究的方法，并以债券初始信用评级、债券融资成本和债券上市首日抑价率作为研究视角，考察了会计信息在债券发行时和债券发行后所起到的作用。本书主要研究成果总结如下。

（1）本书基于应计项目操控模型，研究了发债公司的会计信息质量对于公司债券初始信用评级的影响。信用评级机构作为专业的第三方信息中介，会计信息是评级机构信用评级的重要信息来源。高质量的会计信息能够提供给评级机构更多的决策相关信息。与我们的分析一致，本书的研究结果表明，公司的会计信息质量与公司债券信用评级显著正相关。这表明债券信用评级机构能够识别出盈余管理造成的财务信息扭曲，并根据盈余管理的程度对债券评级进行相应调整。因而，会计信息质量较差的公司所发行的公司债券，其信用评级普遍较低。在处理了内生性问题，并进行了多项稳健性检验后，该结论仍然存在。此外，我们还将样本划分为国有企业和非国有企业，但会计信息质量与债券信用评级之间的正相关关系只在国有企业中成立。针对审计师声誉的差别，我们通过分组回归，发现只有在审计师声誉较低组中，会计信息质量的改善才能显著提高公司债券的初始信用评级。

（2）本书基于应计项目操控模型，研究了发债公司的会计信息质量对于公司债券一级市场定价的影响,具体是指会计信息质量对公司债券融资成本的影响。在债券市场上,高质量的会计信息能够降低投资者所面临的信息不对称问题,帮助其对公司债券的风险和价值做出更加准确的判断。与我们的分析一致,本书的研究结果表明,公司的会计信息质量越高,公司债券的融资成本越低。在处理了内生性问题,并进行了多项稳健性检验后,该结论仍然存在。在进一步的研究中,我们分别从公司的产权性质和信息不对称角度出发,对上述结果分情景进行分析。我们发现会计信息质量与债券融资成本之间的负相关关系只在国有上市企业中显著。针对主承销商声誉的不同,我们通过分组回归分析,发现只有在主承销商声誉较低组中,提高会计信息质量才能降低公司债券的融资成本。对比交叉上市公司和非交叉上市公司,我们发现在非交叉上市公司中,会计信息质量的提高对降低债券融资成本的作用更大。这些发现表明,投资者与公司之间的信息不对称程度越高,会计信息质量与债券融资成本之间的负相关关系越显著。此外,在进一步研究中,我们还考察了会计信息质量与债券期限、债券担保以及限制性契约条款等非价格条款之间的关系。结果显示,债券发行人的会计信息质量对债券期限、债券是否担保并无显著影响;但会计信息质量与限制性契约条款显著负相关,即会计信息质量越好的公司,发行的公司债券限制性契约条款数目越少。该结论与之前的研究一致,即当公司的信息环境较差时,投资者很难从公开披露的信息中判断公司盈利能力的好坏以及公司债券的违约风险,此时投资者除了索要较高的风险补偿外,还倾向于向管理层施加限制性契约条款来约束管理层可能的不当行为,以此来保护自身利益。

(3)本书基于应计项目操控模型,研究了发债公司的会计信息质量对于公司债券二级市场定价的影响,具体是指会计信息质量对公司债券上市首日抑价率的影响。发行人的会计信息质量越高,外部投资者越能更准确地评估公司的内在价值,并给予公司债券合理的票面利率。与我们的理论分析一致,我们的实证研究结果表明公司的会计信息质量与公司债券抑价率显著负相关。当面临债券抑价率过高的问题时,发行人除了提高其会计信息质量外,也可以选择其他方式向市场传递自身"质优"的信号。我们的研究还发现,当发行人自身的会计信息质量较差时,聘请高声誉的主承销商或高声誉的审计师("四大")能降低公司债券上市首日的抑价率。在处理了内生性问题,并进行了多项稳健性检验后,该结论仍然存在。在探究影响机制上,我们发现,会计信息质量对债券抑价率的影响路径有两条:第一条为直接路径,即公司的会计信息质量直接降低公司债券的抑价水平;第二条为间接路径,即公司的会计信息质量越高,越倾向于聘请高声誉的主承销商,而高声誉的主承销商可进一步降低公司债券的抑价率。这说明承销商声誉在会计信息质量与公司债券抑价率之间起到中介作用。通过比较这两条路径的系数大小，我们发现会计信息质量与债券抑价率之间的负向关系大约有 90% 源自于直接路径，只有 10% 来源于间接路径。然而针对审计师声誉，我们并没有发现高声誉的审计师具有中介效应。在进一步研究中，我们着重考察多次发行公司债券的样本，发现在这类样本中，会计信息质量对公司债券抑价率的影响很有限。此外，在进一步研究中，我们还考察了会计信息质量与债券抑价率的关系在不同的市场环境下是否有所差异。通过分组回归，我们发现会计信息质量对于公司债券抑价率的负向影响在市场化程度较低组中更为显著。

以上为本研究的主要研究成果。在研究过程中，受限于作者的认知能力、研究方法以及数据可得性等因素，本研究还存在以下几方面的局限性，有待进一步研究和改进：一是指标构建上的局限性。正如文献综述中所总结的，衡量会计信息质量的指标有很多。由于应计模型为度量会计信息质量的主流模型，因而在本研究中，我们使用这一模型来衡量发债公司的会计信息质量。事实上，除了应计模型，我们还可以从财务信息披露的角度，如深交所公布的信息披露考核结果，抑或者从真实盈余管理角度来全方位考察发行方的财务信息质量。鉴于指标构建上的局限性，这使得本研究存在一定的不足。二是研究视角上的局限性。我们知道，公司债券发行过程中的参与主体较为广泛，包括审计机构、承销商等。考虑到我们主要关注信息在公司债券定价中的作用，所以，尽管我们在部分章节中对这些参与主体的作用有一定讨论，但总体上并不十分全面。

本研究认为在未来的研究中，我们还可以从以下两个方面进一步拓展：①本研究只涉及财务信息质量对公司债券定价的影响。在未来的研究中，我们还可以进一步研究发行方的非财务信息，如企业社会责任信息（CSR）、环境绩效等对公司债券定价的影响。综合考虑发债公司的财务信息和非财务信息，能够帮助我们更加全面地认识债券发行人披露的信息如何在公司债券定价过程中发挥作用。②针对会计信息质量在债券发行后所发挥的作用，本研究只考虑了其对上市首日抑价率的影响。理论上，发债公司的会计信息质量还可能影响公司债券的违约率，由于到目前为止中国公司债券的违约案例还较少，对于此类研究我们暂时较难展开。随着未来违约数据的增加，我们可以尝试研究会计信息质量与公司债券违约之间的关系。

参 考 文 献

[1] Chen C, Zhu S. Financial reporting quality, debt maturity, and the cost of debt: evidence from China [J]. Emerging Markets Finance and Trade, 2013, 49 (4): 236 – 253.

[2] 陈超, 李镕伊. 债券融资成本与债券契约条款设计 [J]. 金融研究, 2014, 403 (1): 44 – 57.

[3] 金鹏辉. 公司债券市场发展与社会融资成本 [J]. 金融研究, 2010, 357 (3): 16 – 23.

[4] Batten J A, Szilagyi P G. Domestic bond market development: The Arirang bond experience in Korea [J]. The World Bank Research Observer, 2007, 22 (2): 165 – 195.

[5] 王国刚. 论"公司债券"与"企业债券"的分立 [J]. 中国工业经济, 2008 (2): 5 – 11.

[6] Francis J, LaFond R, Olsson P, et al. The market pricing of accruals quality [J]. Journal of Accounting and Economics, 2005, 39 (2): 295 – 327.

[7] 朱松. 债券市场参与者关注会计信息质量吗? [J]. 南开管理评论, 2013, 16 (3): 16 – 25.

[8] Schipper K. Commentary on earnings management [J]. Accounting Horizons, 1989, 3 (4): 91 – 102.

[9] 杨大楷, 王鹏. 盈余管理与公司债券定价: 来自中国债券市场的经验证据 [J]. 国际金融研究, 2014 (4): 86 – 96.

[10] 程小可, 郑立东, 姚立杰. 内部控制能否抑制真实活动盈余管理: 兼与应计盈余管理之比较 [J]. 中国软科学, 2013 (3): 120 – 131.

[11] 蔡春, 李明, 和辉. 约束条件、IPO 盈余管理方式与公司业绩: 基于应计盈余管理与真实盈余管理的研究 [J]. 会计研究, 2013 (10): 35 – 42.

[12] 顾鸣润, 杨继伟, 余怒涛. 产权性质、公司治理与真实盈余管理 [J]. 中国会计评论, 2012, 10 (3): 255-274.

[13] Jones J J. Earnings management during import relief investigations [J]. Journal of Accounting Research, 1991, 29 (2): 193-228.

[14] 方红星, 施继坤, 张广宝. 产权性质、信息质量与公司债定价: 来自中国资本市场的经验证据 [J]. 金融研究, 2013, 394 (4): 170-182.

[15] Dechow P M, Dichev I D. The quality of accruals and earnings: The role of accrual estimation errors [J]. The Accounting Review, 2002, 77 (s-1): 35-59.

[16] 杨德明, 林斌, 辛清泉. 盈利质量、投资者非理性行为与盈余惯性 [J]. 金融研究, 2007 (2): 122-132.

[17] Rajgopal S, Venkatachalam M. Financial reporting quality and idiosyncratic return volatility [J]. Journal of Accounting and Economics, 2011, 51 (1): 1-20.

[18] McNichols M. Discussion of the quality of accruals and earnings: the role of accrual estimation errors [J]. The Accounting Review, 2002, 77: 61-69.

[19] Lu C W, Chen T K, Liao H H. Information uncertainty, information asymmetry and corporate bond yield spreads [J]. Journal of Banking and Finance, 2010, 34 (9): 2265-2279.

[20] Ghosh A A, Moon D. Corporate debt financing and earnings quality [J]. Journal of Business Finance & Accounting, 2010, 37 (5-6): 538-559.

[21] Ball R, Shivakumar L. The role of accruals in asymmetrically timely gain and loss recognition [J]. Journal of Accounting Research, 2006, 44 (2): 207-242.

[22] Basu S. The conservatism principle and the asymmetric timeliness of earnings [J]. Journal of Accounting and Economics, 1997, 24 (1): 3-37.

[23] Zhang J. The contracting benefits of accounting conservatism to lenders and borrowers [J]. Journal of accounting and economics, 2008, 45 (1): 27-54.

[24] Chen J Z, Lobo G J, Wang Y, et al. Loan collateral and financial reporting conservatism: Chinese evidence [J]. Journal of Banking and Finance, 2013, 37 (12): 4989-5006.

[25] Haw I M, Lee J J, Lee W J. Debt financing and accounting conservatism in private firms [J]. Contemporary Accounting Research, 2014, 31 (4):

1220 – 1259.

[26] Ahmed A S, Duellman S. Accounting conservatism and board of director characteristics: An empirical analysis [J]. Journal of Accounting and Economics, 2007, 43 (2): 411 – 437.

[27] Xia D, Zhu S. Corporate governance and accounting conservatism in China [J]. China Journal of Accounting Research, 2009, 2 (2): 81 – 108.

[28] 周晓苏, 吴锡皓. 稳健性对公司信息披露行为的影响研究: 基于会计信息透明度的视角 [J]. 南开管理评论, 2013, 16 (3): 89 – 100.

[29] 杨丹, 王宁, 叶建明. 会计稳健性与上市公司投资行为 [J]. 会计研究, 2011 (3): 7 – 8.

[30] Wittenberg – Moerman R. The role of information asymmetry and financial reporting quality in debt trading: Evidence from the secondary loan market [J]. Journal of Accounting and Economics, 2008, 46 (2): 240 – 260.

[31] 索玲玲, 杨克智, 季皓. 会计稳健性与企业筹资的实证研究 [J]. 中国会计与财务研究, 2013, 15 (2): 1 – 56.

[32] 于富生, 张敏. 信息披露质量与债务成本: 来自中国证券市场的经验证据 [J]. 审计与经济研究, 2007, 22 (5): 93 – 96.

[33] 梁上坤, 赵刚, 王玉涛. 会计信息透明度会影响银行借款契约吗? [J]. 中国会计评论, 2013, 11 (4): 457 – 490.

[34] Sengupta P. Corporate disclosure quality and the cost of debt [J]. The Accounting Review, 1998, 73 (4): 459 – 474.

[35] Bharath S T, Sunder J, Sunder S V. Accounting quality and debt contracting [J]. The Accounting Review, 2008, 83 (1): 1 – 28.

[36] Teoh S H, Welch I, Wong T J. Earnings management and the long – run market performance of initial public offerings [J]. The Journal of Finance, 1998, 53 (6): 1935 – 1974.

[37] Dechow P M, Sloan R G, Sweeney A P. Detecting earnings management [J]. The Accounting Review, 1995, 70 (2): 193 – 225.

[38] García – Teruel P J, Martínez – Solano P, Sánchez – Ballesta J P. The role of accruals quality in the access to bank debt [J]. Journal of Banking & Finance, 2014, 38: 186 – 193.

[39] Hribar P, Collins D W. Errors in estimating accruals: Implications for empirical research [J]. Journal of Accounting research, 2002, 40 (1): 105 – 134.

[40] Hribar P, Craig Nichols D. The use of unsigned earnings quality measures in tests of earnings management [J]. Journal of Accounting Research, 2007, 45 (5): 1017–1053.

[41] Core J E, Guay W R, Verdi R. Is accruals quality a priced risk factor? [J]. Journal of Accounting and Economics, 2008, 46 (1): 2–22.

[42] Cohen D A. Does information risk really matter? An analysis of the determinants and economic consequences of financial reporting quality [J]. Asia – Pacific Journal of Accounting & Economics, 2008, 15 (2): 69–90.

[43] Costello A M. The impact of financial reporting quality on debt contracting: Evidence from internal control weakness reports [J]. Journal of Accounting Research, 2011, 49 (1): 97–136.

[44] Wang X, Wu M. The quality of financial reporting in China: An examination from an accounting restatement perspective [J]. China Journal of Accounting Research, 2011, 4 (4): 167–196.

[45] Kravet T, Shevlin T. Accounting restatements and information risk [J]. Review of Accounting Studies, 2010, 15 (2): 264–294.

[46] Hribar P, Kravet T, Wilson R. A new measure of accounting quality [J]. Review of Accounting Studies, 2014, 19 (1): 506–538.

[47] Jensen M C, Meckling W H. Theory of the firm: Managerial behavior, agency costs and ownership structure [J]. Journal of Financial Economics, 1976, 3 (4): 305–360.

[48] Diamond D W. Financial intermediation and delegated monitoring [J]. The Review of Economic Studies, 1984, 51 (3): 393–414.

[49] Diamond D W. Monitoring and reputation: The choice between bank loans and directly placed debt [J]. Journal of Political Economy, 1991, 99 (4): 689–721.

[50] Denis D J, Mihov V T. The choice among bank debt, non-bank private debt, and public debt: evidence from new corporate borrowings [J]. Journal of Financial Economics, 2003, 70 (1): 3–28.

[51] Chen X, Cheng Q, Lo A K. Accounting restatements and external financing choices [J]. Contemporary Accounting Research, 2013, 30 (2): 750–779.

[52] Pessarossi P, Weill L. Choice of corporate debt in China: The role of state ownership [J]. China Economic Review, 2013, 26: 1–16.

[53] 周宏,林晚发,李国平,等. 信息不对称与企业债券信用风险估价:基于2008—2012年中国企业债券数据[J]. 会计研究,2012(12):36-42.

[54] Ge W, Kim J B. Real earnings management and the cost of new corporate bonds[J]. Journal of Business Research, 2014, 67(4): 641-647.

[55] Caton G L, Chiyachantana C N, Chua C T, et al. Earnings management surrounding seasoned bond offerings: Do managers mislead ratings agencies and the bond market?[J]. Journal of Financial and Quantitative Analysis, 2011, 46(3): 687-708.

[56] Ahmed A S, Billings B K, Morton R M, et al. The role of accounting conservatism in mitigating bondholder-shareholder conflicts over dividend policy and in reducing debt costs[J]. The Accounting Review, 2002, 77(4): 867-890.

[57] Ashbaugh-Skaife H, Collins D W, LaFond R. The effects of corporate governance on firms' credit ratings[J]. Journal of Accounting and Economics, 2006, 42(1): 203-243.

[58] 马榕,石晓军. 中国债券信用评级结果具有甄别能力吗:基于盈余管理敏感性的视角[J]. 经济学,2015,15(1):197-216.

[59] Graham J R, Li S, Qiu J. Corporate misreporting and bank loan contracting[J]. Journal of Financial Economics, 2008, 89(1): 44-61.

[60] Hasan I, Park J C, Wu Q. The impact of earnings predictability on bank loan contracting[J]. Journal of Business Finance & Accounting, 2012, 39(7/8): 1068-1101.

[61] Chen P F, He S, Ma Z, et al. The information role of audit opinions in debt contracting[J]. Journal of Accounting and Economics, 2016, 61(1): 121-144.

[62] Chava S, Kumar P, Warga A. Managerial agency and bond covenants[J]. Review of Financial Studies, 2010, 23(3): 1120-1148.

[63] Nikolaev V V. Debt covenants and accounting conservatism[J]. Journal of Accounting Research, 2010, 48(1): 51-89.

[64] Gong G, Xu S, Gong X. On the value of corporate social responsibility disclosure: An empirical investigation of corporate bond issues in China[J]. Journal of Business Ethics, 2016(6): 1-32.

[65] West R R. Bond ratings, bond yields and financial regulation: some findings

[J]. The Journal of Law and Economics, 1973, 16 (1): 159 – 168.

[66] Liu P, Thakor A V. Interest yields, credit ratings, and economic characteristics of state bonds: An empirical analysis: Note [J]. Journal of Money, Credit and Banking, 1984, 16 (3): 344 – 351.

[67] 陈超, 郭志明. 我国企业债券融资、财务风险和债券评级 [J]. 当代财经, 2008 (2): 39 – 48.

[68] Dechow P, Ge W, Schrand C. Understanding earnings quality: A review of the proxies, their determinants and their consequences [J]. Journal of Accounting and Economics, 2010, 50 (2): 344 – 401.

[69] 陈超, 李镕伊. 审计能否提高公司债券的信用评级 [J]. 审计研究, 2013 (3): 59 – 66.

[70] 何平, 金梦. 信用评级在中国债券市场的影响力 [J]. 金融研究, 2010 (4): 15 – 28.

[71] Graham J R, Harvey C R, Rajgopal S. The economic implications of corporate financial reporting [J]. Journal of Accounting and Economics, 2005, 40 (1): 3 – 73.

[72] Bhojraj S, Swaminathan B. How does the corporate bond market value capital investments and accruals [J]. Review of Accounting Studies, 2009, 14 (1): 31 – 62.

[73] Cohen D A, Zarowin P. Accrual-based and real earnings management activities around seasoned equity offerings [J]. Journal of Accounting and Economics, 2010, 50 (1): 2 – 19.

[74] Rangan S. Earnings management and the performance of seasoned equity offerings [J]. Journal of Financial Economics, 1998, 50 (1): 101 – 122.

[75] Pae S S, Quinn T. Do firms manipulate earnings when entering the bond market? [J]. Academy of Accounting and Financial Studies Journal, 2011, 15 (1): 99 – 115.

[76] Gong G, Xu S, Gong X. Bond covenants and the cost of debt: Evidence from China [J]. Emerging Markets Finance and Trade, 2017, 53 (3): 587 – 610.

[77] Chen T K, Liao H H, Tsai P L. Internal liquidity risk in corporate bond yield spreads [J]. Journal of Banking & Finance, 2011, 35 (4): 978 – 987.

[78] Lobo G J, Song M, Stanford M. Accruals quality and analyst coverage [J].

Journal of Banking & Finance, 2012, 36 (2): 497-508.

[79] Wang D. Founding family ownership and earnings quality [J]. Journal of Accounting Research, 2006, 44 (3): 619-656.

[80] 郑国坚. 基于效率观和掏空观的关联交易与盈余质量关系研究 [J]. 会计研究, 2009 (10): 68-76.

[81] 刘娥平, 施燕平. 盈余管理、公司债券融资成本与首次信用评级 [J]. 管理科学, 2014, 27 (5): 91-103.

[82] Altman E I. Financial ratios, discriminant analysis and the prediction of corporate bankruptcy [J]. The Journal of Finance, 1968, 23 (4): 589-609.

[83] 郭泓, 赵震宇. 承销商声誉对 IPO 公司定价、初始和长期回报影响实证研究 [J]. 管理世界, 2006 (3): 122-128.

[84] Chen C, Shi H, Xu H. Underwriter reputation, issuer ownership, and pre-IPO earnings management: Evidence from China [J]. Financial Management, 2013, 42 (3): 647-677.

[85] Carter R, Manaster S. Initial public offerings and underwriter reputation [J]. The Journal of Finance, 1990, 45 (4): 1045-1067.

[86] Megginson W L, Weiss K A. Venture capitalist certification in initial public offerings [J]. The Journal of Finance, 1991, 46 (3): 879-903.

[87] Cai N K, Helwege J, Warga A. Underpricing in the corporate bond market [J]. Review of Financial Studies, 2007, 20 (6): 2021-2046.

[88] Liu M, Magnan M. Conditional conservatism and underpricing in US corporate bond market [J]. Applied Financial Economics, 2014, 24 (20): 1323-1334.

[89] Berger A N, Udell G F. Collateral, loan quality and bank risk [J]. Journal of Monetary Economics, 1990, 25 (1): 21-42.

[90] Bharath S T, Dahiya S, Saunders A, et al. Lending relationships and loan contract terms [J]. Review of Financial Studies, 2011, 24 (4): 1141-1203.

[91] Altman E I, Rijken H A. How rating agencies achieve rating stability [J]. Journal of Banking & Finance, 2004, 28 (11): 2679-2714.

[92] Du X, Weng J, Zeng Q, et al. Do lenders applaud corporate environmental performance? Evidence from Chinese private-owned Firms [J]. Journal of Business Ethics, 2015 (6): 1-29.

[93] Belsley D A. A guide to using the collinearity diagnostics [J]. Computer Sci-

ence in Economics and Management, 1991, 4 (1): 33 - 50.

[94] Becker B, Milbourn T. How did increased competition affect credit ratings? [J]. Journal of Financial Economics, 2011, 101 (3): 493 - 514.

[95] Fischer P E, Verrecchia R E. The effect of limited liability on the market response to disclosure [J]. Contemporary Accounting Research, 1997, 14 (3): 515 - 541.

[96] Khurana I K, Raman K K. Are fundamentals priced in the bond market? [J]. Contemporary Accounting Research, 2003, 20 (3): 465 - 494.

[97] Healy P M, Wahlen J M. A review of the earnings management literature and its implications for standard setting [J]. Accounting Horizons, 1999, 13 (4): 365 - 383.

[98] 陆正飞, 魏涛. 配股后业绩下降: 盈余管理后果与真实业绩滑坡 [J]. 会计研究, 2006 (8): 52 - 59.

[99] 汪炜, 蒋高峰. 信息披露、透明度与资本成本 [J]. 经济研究, 2004 (7): 107 - 114.

[100] 曾颖, 陆正飞. 信息披露质量与股权融资成本 [J]. 经济研究, 2006 (2): 69 - 79.

[101] 姚立杰, 夏冬林. 我国银行能识别借款企业的盈余质量吗? [J]. 审计研究, 2009 (3): 91 - 96.

[102] Chung R, Firth M, Kim J B. Earnings management, surplus free cash flow, and external monitoring [J]. Journal of Business Research, 2005, 58 (6): 766 - 776.

[103] 赵静, 方兆本. 中国公司债信用利差决定因素: 基于结构化理论的实证研究 [J]. 经济管理, 2011, 33 (11): 138 - 148.

[104] 戴国强, 孙新宝. 我国企业债券信用利差宏观决定因素研究 [J]. 财经研究, 2011, 37 (12): 61 - 71.

[105] Shi C. On the trade-off between the future benefits and riskiness of R&D: A bondholders' perspective [J]. Journal of Accounting and Economics, 2003, 35 (2): 227 - 254.

[106] Jiang J. Beating earnings benchmarks and the cost of debt [J]. The Accounting Review, 2008, 83 (2): 377 - 416.

[107] 林晚发, 李国平, 何剑波, 等. 媒体监督与债务融资成本: 基于中国发债上市公司的经验证据 [J]. 中国会计评论, 2014, 12 (3/4): 479 - 498.

[108] Liang C J, Lin Y L, Huang T T. Does endogenously determined ownership matter on performance? Dynamic evidence from the emerging Taiwan market. [J]. Emerging Markets Finance and Trade, 2011, 47 (6): 120-133.

[109] 余玉苗, 周莹莹. 债务契约, 审计师选择与债券融资成本 [J]. 当代会计评论, 2015, 8 (1): 83-98.

[110] Bhojraj S, Sengupta P. Effect of corporate governance on bond ratings and yields: The role of institutional investors and outside directors [J]. The Journal of Business, 2003, 76 (3): 455-475.

[111] Liu Y, Jiraporn P. The effect of CEO power on bond ratings and yields [J]. Journal of Empirical Finance, 2010, 17 (4): 744-762.

[112] 蒋琰. 权益成本, 债务成本与公司治理: 影响差异性研究 [J]. 管理世界, 2009 (11): 144-155.

[113] Rahaman M M, Al ZamanA. Management quality and the cost of debt: Does management matter to lenders [J]. Journal of Banking and Finance, 2013, 37 (3): 854-874.

[114] Collin-Dufresne P, Goldstein R S, Martin J S. The determinants of credit spread changes [J]. The Journal of Finance, 2001, 56 (6): 2177-2207.

[115] Petersen M A. Estimating standard errors in finance panel data sets: Comparing approaches [J]. Review of financial studies, 2009, 22 (1): 435-480.

[116] Dennis S, Nandy D, Sharpe L G. The determinants of contract terms in bank revolving credit agreements [J]. Journal of Financial and Quantitative Analysis, 2000, 35 (1): 87-110.

[117] Hasan I, Hoi C K S, Wu Q, et al. Beauty is in the eye of the beholder: The effect of corporate tax avoidance on the cost of bank loans [J]. Journal of Financial Economics, 2014, 113 (1): 109-130.

[118] Koenker R, Hallock K. Quantile regression: An introduction [J]. Journal of Economic Perspectives, 2001, 15 (4): 43-56.

[119] Maddala G S. Limited-dependent and qualitative variables in econometrics [M]. Cambridge: Cambridge University Press, 1986.

[120] Ge W, Kim J B, Song B Y. Internal governance, legal institutions and bank loan contracting around the world [J]. Journal of Corporate Finance, 2012, 18 (3): 413-432.

[121] La Porta R, Lopez-de-Silanes F, Shleifer A, et al. Legal determinants of

external finance [J]. Journal of Finance, 1997, 52 (3): 1131 – 1150.

[122] 辛清泉, 王兵. 交叉上市、国际四大与会计盈余质量 [J]. 经济科学, 2010 (4): 96 – 110.

[123] 李双燕. 交叉上市与盈余管理: 基于以 ADR 赴美上市企业的证据 [J]. 当代经济科学, 2013, 35 (5): 115 – 123.

[124] 贾巧玉, 周嘉南. 交叉上市企业应计盈余管理和真实盈余管理研究 [J]. 管理科学, 2016, 29 (3): 97 – 111.

[125] Barclay M J, Smith C W. The maturity structure of corporate debt [J]. The Journal of Finance, 1995, 50 (2): 609 – 631.

[126] Berger A N, Udell G F. Relationship lending and lines of credit in small firm finance [J]. Journal of Business, 1995, 68 (3): 351 – 381.

[127] Guedes J, Opler T. The determinants of the maturity of corporate debt issues [J]. The Journal of Finance, 1996, 51 (5): 1809 – 1833.

[128] Hart O, Moore J. A theory of debt based on the inalienability of human capital [J]. The Quarterly Journal of Economics, 1994, 109 (4): 84.

[129] Barclay M J, Marx L M, Smith C W. The joint determination of leverage and maturity [J]. Journal of Corporate Finance, 2003, 9 (2): 149 – 167.

[130] Smith C W, Warner J B. On financial contracting: An analysis of bond covenants [J]. Journal of Financial Economics, 1979, 7 (2): 117 – 161.

[131] Armstrong C S, Guay W R, Weber J P. The role of information and financial reporting in corporate governance and debt contracting [J]. Journal of Accounting and Economics, 2010, 50 (2): 179 – 234.

[132] Reisel N. On the value of restrictive covenants: Empirical investigation of public bond issues [J]. Journal of Corporate Finance, 2014, 27: 251 – 268.

[133] Kim J B, Tsui J S L, Cheong H Y. The voluntary adoption of International Financial Reporting Standards and loan contracting around the world [J]. Review of Accounting Studies, 2011, 16 (4): 779 – 811.

[134] Fama E F, MacBeth J D. Risk, return, and equilibrium: Empirical tests [J]. Journal of Political Economy, 1973, 81 (3): 607 – 636.

[135] 陈胜蓝. 财务会计信息与 IPO 抑价 [J]. 金融研究, 2010 (5): 152 – 165.

[136] Stoll H R, Curley A J. Small business and the new issues market for equities [J]. Journal of Financial and Quantitative Analysis, 1970, 5 (3): 309 – 322.

[137] 朱红军,陈世敏,张成. 市场情绪、会计信息质量与IPO首日回报[J]. 财经研究, 2013, 39 (9): 70-81.

[138] Allen F, Faulhaber G R. Signalling by underpricing in the IPO market [J]. Journal of Financial Economics, 1989, 23 (2): 303-323.

[139] Grinblatt M, Hwang C Y. Signalling and the pricing of new issues [J]. The Journal of Finance, 1989, 44 (2): 393-420.

[140] Welch I. Seasoned offerings, imitation costs, and the underpricing of initial public offerings [J]. The Journal of Finance, 1989, 44 (2): 421-449.

[141] Rock K. Why new issues are underpriced [J]. Journal of Financial Economics, 1986, 15 (1/2): 187-212.

[142] Tinic S M. Anatomy of initial public offerings of common stock [J]. The Journal of Finance, 1988, 43 (4): 789-822.

[143] Booth J R, Chua L. Ownership dispersion, costly information, and IPO underpricing [J]. Journal of Financial Economics, 1996, 41 (2): 291-310.

[144] Zheng S X, Stangeland D A. IPO underpricing, firm quality, and analyst forecasts [J]. Financial Management, 2007, 36 (2): 1-20.

[145] Ibbotson R G. Price performance of common stock new issues [J]. Journal of Financial Economics, 1975, 2 (3): 235-272.

[146] Jog V, McConomy B J. Voluntary disclosure of management earnings forecasts in IPO prospectuses [J]. Journal of Business Finance & Accounting, 2003, 30 (1/2): 125-168.

[147] Leone A J, Rock S, Willenborg M. Disclosure of intended use of proceeds and underpricing in initial public offerings [J]. Journal of Accounting Research, 2007, 45 (1): 111-153.

[148] Willenborg M, McKeown J C. Going-concern initial public offerings [J]. Journal of Accounting and Economics, 2000, 30 (3): 279-313.

[149] Boulton T J, Smart S B, Zutter C J. Earnings quality and international IPO underpricing [J]. The Accounting Review, 2011, 86 (2): 483-505.

[150] 徐浩萍,陈超. 会计盈余质量、新股定价与长期绩效:来自中国IPO市场发行制度改革后的证据[J]. 管理世界, 2009 (8): 25-38.

[151] Lin Z J, Tian Z. Accounting conservatism and IPO underpricing: China evidence [J]. Journal of International Accounting, Auditing and Taxation, 2012, 21 (2): 127-144.

[152] 陈亮. 信息不对称, 会计稳健性和 IPO 抑价 [J]. 经济经纬, 2014, 31 (6): 108-113.

[153] Ball R, Bushman R M, Vasvari F P. The debt-contracting value of accounting information and loan syndicate structure [J]. Journal of Accounting Research, 2008, 46 (2): 247-287.

[154] Wasserfallen W, Wydler D. Underpricing of newly issued bonds: Evidence from the Swiss capital market [J]. The Journal of Finance, 1988, 43 (5): 1177-1191.

[155] Datta S, Iskandar-Datta M, Patel A. The pricing of initial public offers of corporate straight debt [J]. The Journal of Finance, 1997, 52 (1): 379-396.

[156] 吕怀立, 钟宇翔, 李婉丽. 发审制度、交易机制与盈余信息的债券定价功能 [J]. 管理评论, 2016, 28 (12): 14-29.

[157] 翁宵暐, 王克明, 吕长江. 家族成员参与管理对 IPO 抑价率的影响 [J]. 管理世界, 2014 (1): 156-166.

[158] Titman S, Trueman B. Information quality and the valuation of new issues [J]. Journal of Accounting and Economics, 1986, 8 (2): 159-172.

[159] Chemmanur T J, Paeglis I. Management quality, certification, and initial public offerings [J]. Journal of Financial Economics, 2005, 76 (2): 331-368.

[160] Brau J C, Fawcett S E. Initial public offerings: An analysis of theory and practice [J]. The Journal of Finance, 2006, 61 (1): 399-436.

[161] Kim D, Palia D, Saunders A. Are initial returns and underwriting spreads in equity issues complements or substitutes? [J] Financial Management, 2010, 39 (4): 1403-1423.

[162] Jo H, Kim Y, Park M S. Underwriter choice and earnings management: Evidence from seasoned equity offerings [J]. Review of Accounting Studies, 2007, 12 (1): 23-59.

[163] Lee G, Masulis R. Do more reputable financial institutions reduce earnings management by IPO issuers? [J]. Journal of Corporate Finance, 2011, 17 (4): 982-1000.

[164] Booth J R, Smith R L. Capital raising, underwriting and the certification hypothesis [J]. Journal of Financial Economics, 1986, 15 (1): 261-281.

[165] Michaely R, Shaw W H. The pricing of initial public offerings: Tests of adverse-selection and signaling theories [J]. Review of Financial studies,

1994, 7 (2): 279 – 319.

[166] 胡丹, 冯巧根. 信息环境、审计质量与 IPO 抑价 [J]. 会计研究, 2013 (2): 78 – 84.

[167] Willenborg M. Empirical analysis of the economic demand for auditing in the initial public offerings market [J]. Journal of Accounting Research, 1999, 37 (1): 225 – 238.

[168] Carpenter C G, Strawser R H. Displacement of auditors when clients go public [J]. Journal of Accountancy, 1971, 131 (6): 55 – 58.

[169] Holland K M, Horton J G. Initial public offerings on the unlisted securities market: the impact of professional advisers [J]. Accounting and Business Research, 1993, 24 (93): 19 – 34.

[170] Beatty R P. Auditor reputation and the pricing of initial public offerings [J]. The Accounting Review, 1989, 64 (4): 693 – 709.

[171] 王兵, 辛清泉, 杨德明. 审计师声誉影响股票定价吗：来自 IPO 定价市场化的证据 [J]. 会计研究, 2009 (11): 73 – 81.

[172] 王成方, 刘慧龙. 国有股权与公司 IPO 中的审计师选择行为及动机 [J]. 会计研究, 2014 (6): 89 – 95.

[173] Datar S M, Feltham G A, Hughes J S. The role of audits and audit quality in valuing new issues [J]. Journal of Accounting and Economics, 1991, 14 (1): 3 – 49.

[174] Aggarwal R, Leal R, Hernandez L. The aftermarket performance of initial public offerings in Latin America [J]. Financial Management, 1993, 22 (1): 42 – 53.

[175] 陈工孟, 高宁. 中国股票一级市场发行抑价的程度与原因 [J]. 金融研究, 2000 (8): 1 – 12.

[176] Chaney P K, Faccio M, Parsley D. The quality of accounting information in politically connected firms [J]. Journal of Accounting and Economics, 2011, 51 (1): 58 – 76.

[177] Ellul A, Pagano M. IPO underpricing and after-market liquidity [J]. Review of Financial Studies, 2006, 19 (2): 381 – 421.

[178] Bhattacharya N, Ecker F, Olsson P M, et al. Direct and mediated associations among earnings quality, information asymmetry, and the cost of equity [J]. The Accounting Review, 2011, 87 (2): 449 – 482.

[179] Baron R M, Kenny D A. The moderator-mediator variable distinction in social psychological research: Conceptual, strategic, and statistical considerations [J]. Journal of Personality and Social Psychology, 1986, 51 (6): 1173 – 1182.

[180] Sobel M E. Asymptotic confidence intervals for indirect effects in structural equation models [J]. Sociological Methodology, 1982, 13: 290 – 312.

[181] Wei Z, Wu S, Li C, et al. Family control, institutional environment and cash dividend policy: Evidence from China [J]. China Journal of Accounting Research, 2011, 4 (1): 29 – 46.

[182] 方轶强, 夏立军. 政府控制、治理环境与公司价值: 来自中国证券市场的经验证据 [J]. 经济研究, 2005 (5): 40 – 51.

[183] 樊纲, 王小鲁, 朱恒鹏. 中国市场指数: 各省区市场化相对进程2011年度报告 [R]. [S.1.: s.n.], 2011.

[184] Crespí – Cladera R, Pascual – Fuster B. Does the independence of independent directors matter? [J]. Journal of Corporate Finance, 2014, 28: 116 – 134.